DER TÜCHER *Kompass*

DER TÜCHER Kompass

VON OBEN, UNTEN ODER QUER – TÜCHER AUS ALLEN RICHTUNGEN KREATIV GESTRICKT

VeronikaHug.com

Woolly Hugs

LIEBE TÜCHERFANS!

Ihr liebt raffinierte Tücher mit einer kleinen, mittleren oder gar großen Herausforderung beim Stricken? Dann seid ihr hier genau richtig!

Muster in Hülle und Fülle, allesamt wandelbar, in unterschiedlichen Modellen und aus verschiedensten Richtungen umgesetzt. Mal beginnen wir ein Tuch ganz herkömmlich unten an der Spitze, mal oben in der rückwärtigen Mitte, seitlich an einer Ecke oder stricken aus der Mitte heraus! Eine Stola stricken wir mal längs, mal quer – oder ganz raffiniert diagonal von Ecke zu Ecke.

Diese Vielfältigkeit macht großen Spaß und sorgt dafür, dass jedes Modell seine eigene kleine Finesse mit sich bringt. Zudem lernt man beim Stricken nach und nach, welch individuellen Verwandlungen man mit manch einem Muster vornehmen kann.

Wer noch nie nach Strickschriften gearbeitet hat, wird bald merken, dass dies gar nicht so schwierig ist. Der Workshop auf den nächsten Seiten und die ausführlichen Anleitungen erklären die genaue Vorgehensweise und tragen so zum Gelingen bei.

Einige Muster stelle ich auch in unterschiedlichen Garnen vor – da war ich selbst oft überrascht, wie völlig anders das Ergebnis am Ende aussieht. Hier möchte ich mich ganz besonders bei all meinen Teststrickerinnen bedanken, die so fleißig die verschiedenen Mustervarianten genadelt haben. Ohne sie wäre das Werk noch lange nicht fertig!

Ihr merkt schon: dieses Buch beinhaltet nicht nur die Anleitungen der dargestellten Tücher. Nein, wer kreativ ist und einfach mal Muster oder Garn tauscht, findet auf jeden Fall sein ganz eigenes, einzigartiges Traumtuch.

Eure

Veronika Hug

Woolly Hugs

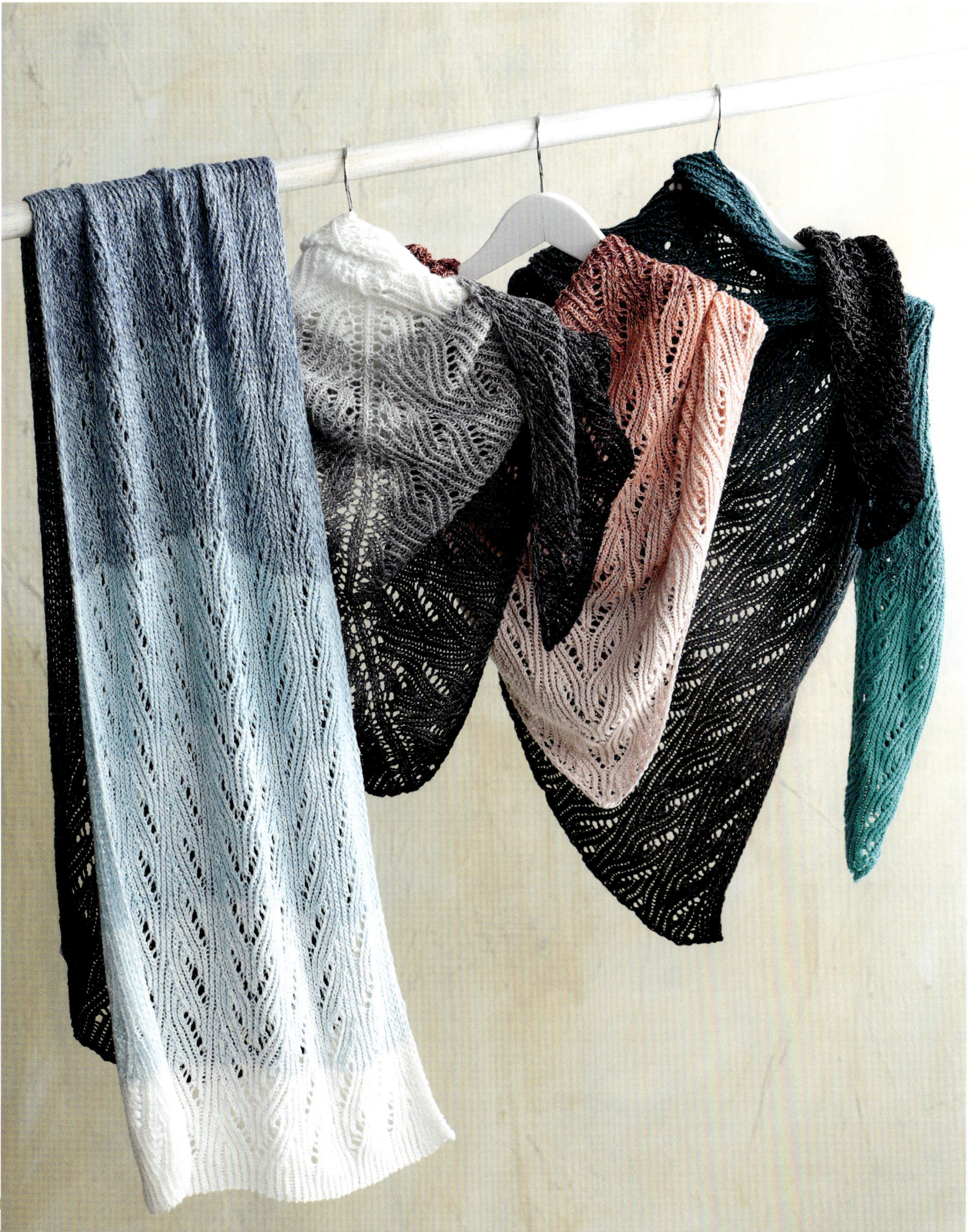

Modelle Musterlinien Seite 42-49

INHALT

WORKSHOP TÜCHER STRICKEN

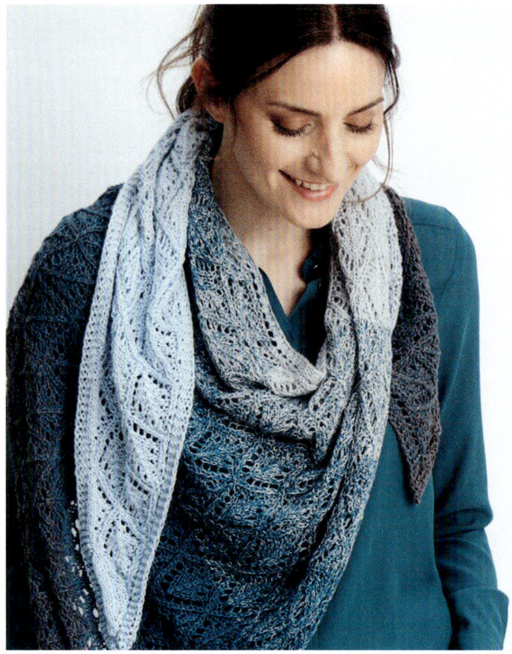

Verführung

Freudentanz

Lieblingsmuster

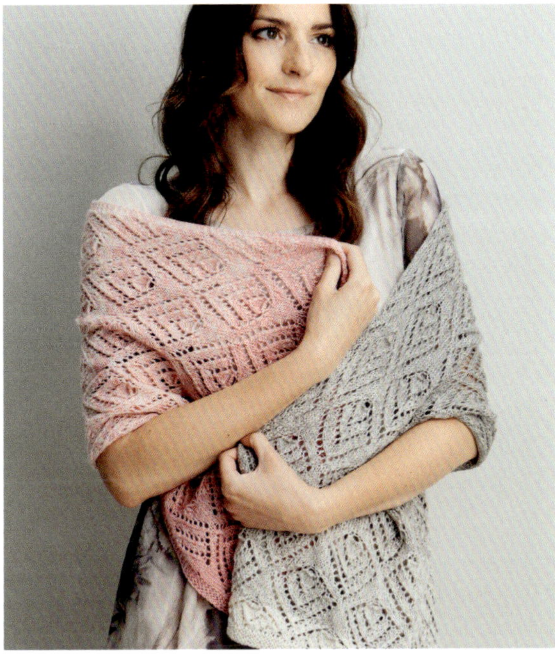

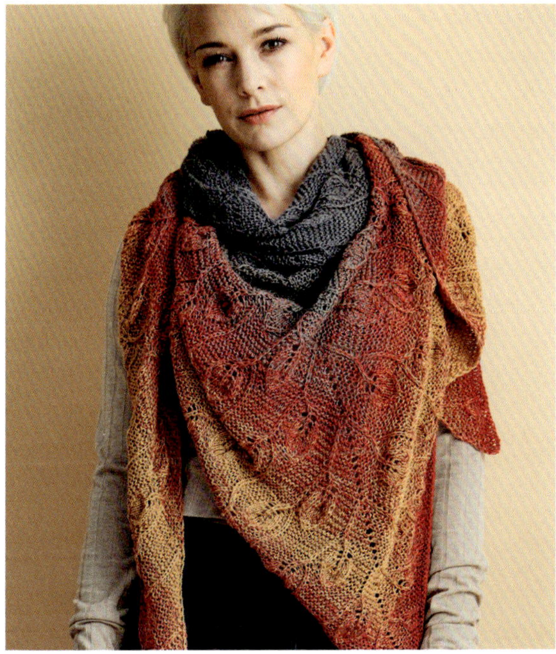

WORKSHOP TÜCHER STRICKEN

Vor Beginn des ersten Projekts empfehle ich, den folgenden Workshop anzuschauen. Er erklärt auch genau, wie man Strickschriften liest, und gibt wertvolle Tipps zum erfolgreichen Fertigstellen der Modelle.

STRICKSCHRIFTEN LESEN

Alle Anleitungen im Buch enthalten Strickschriften, in denen die Muster übersichtlich dargestellt sind. Das Lesen von Strickschriften ist nicht schwierig, es genügen einige wenige Grundkenntnisse.

GRUNDLAGEN

In Strickschriften sind alle Maschen in Kästchen als Symbole dargestellt. Welche Bedeutung die einzelnen Symbole haben, wird in einer Zeichenerklärung beschrieben.

Jedes Kästchen einer Strickschrift steht für 1 Masche, jede Zeile steht für 1 Reihe. Die Angabe der Reihenzahl befindet sich jeweils an dem Rand der Strickschrift, von dem aus die Strickschrift gelesen wird: meist werden Hinreihen von rechts nach links gelesen, Rückreihen (sofern aufgeführt) von links nach rechts.

In den Strickschriften im Buch sind nur die Hinreihen gezeichnet. Wie die Maschen in den Rückreihen zu stricken sind, ist in der Anleitung bzw. in der Zeichenerklärung beschrieben.

Strickschriften werden von unten nach oben gelesen, die unterste Zeile steht meist für die 1. Reihe.

Der Mustersatz ist farbig unterlegt. Er beinhaltet die Maschen, die für das Muster fortlaufend wiederholt werden.

In Strickschriften sind vor und nach dem Mustersatz meist einige Maschen eingezeichnet, die nur einmal gestrickt werden – z. B. die Randmaschen, Blendenmaschen und Maschen, die für eine symmetrische Anordnung des Musters nötig sind.

STOLA

Ein Schal oder eine Stola ist eine gute Einstiegsmöglichkeit, um in die große Welt der Strickschriften einzutauchen.

Am Beispiel der Strickschrift auf Seite 79 zur Stola „Blumenteppich“ auf Seite 50 wird erklärt, wie man eine Strickschrift liest und wie die Maschenzahl abgeändert werden kann, um die Maße eines Strickstücks auf die eigenen Wünsche anzupassen.

ABKÜRZUNGEN

M = Masche(n)
MS = Mustersatz (Mustersätze)
R = Reihe(n)
U = Umschlag (Umschläge)

MUSTEREINTEILUNG

Vor dem Anschlagen der Maschen für ein Modell sollte man sich in der Anleitung mit dem Muster und der jeweiligen Strickschrift vertraut machen. Die Angaben für dieses Beispiel lauten:

> Die M-Zahl muss durch 8 teilbar sein, plus 1 zusätzliche M, damit das Muster rechts und links aufgeht, plus 8 M für die Randblenden. Es sind nur die Hin-R gezeichnet. In den Rück-R die M stricken, wie sie erscheinen, U links stricken, kraus rechts gestrickte M rechts stricken. Die rot unterlegten M bilden den MS. 97 M anschlagen und wie folgt im Ajourmuster stricken: Mit den 8 M vor dem MS beginnen, den MS 10 x arbeiten, enden mit den 9 M nach dem MS.

Die anzuschlagende Maschenzahl beinhaltet die Randmaschen und die Maschen für die beidseitige Blende. Dazwischen wird der Mustersatz (rot unterlegt) stets wiederholt.
Wer die Stola breiter oder schmaler stricken möchte, kann in diesem Beispiel die Maschenzahl in 8er-Schritten abändern. Hier wären z. B. 81 oder 89 Maschen für eine schmalere bzw. 105 oder 113 Maschen für eine breitere Stola möglich. Die Maschenzahl vor und nach dem Mustersatz bleibt immer gleich, lediglich der Mustersatz wird unterschiedlich oft wiederholt.

REIHENABFOLGE

> Die 1.–28. R 1x stricken. Danach die 9.–28. R stets wiederholen.
> In Wunschlänge nach einer 28. R der Strickschrift mit der 29.–46. R enden.

Zunächst wird die untere Blende gestrickt, hier die 1.–28. Reihe, dann wird die 9.–28. Reihe (= Höhenrapport) stets wiederholt und mit der 29.–46. Reihe für die obere Blende geendet.

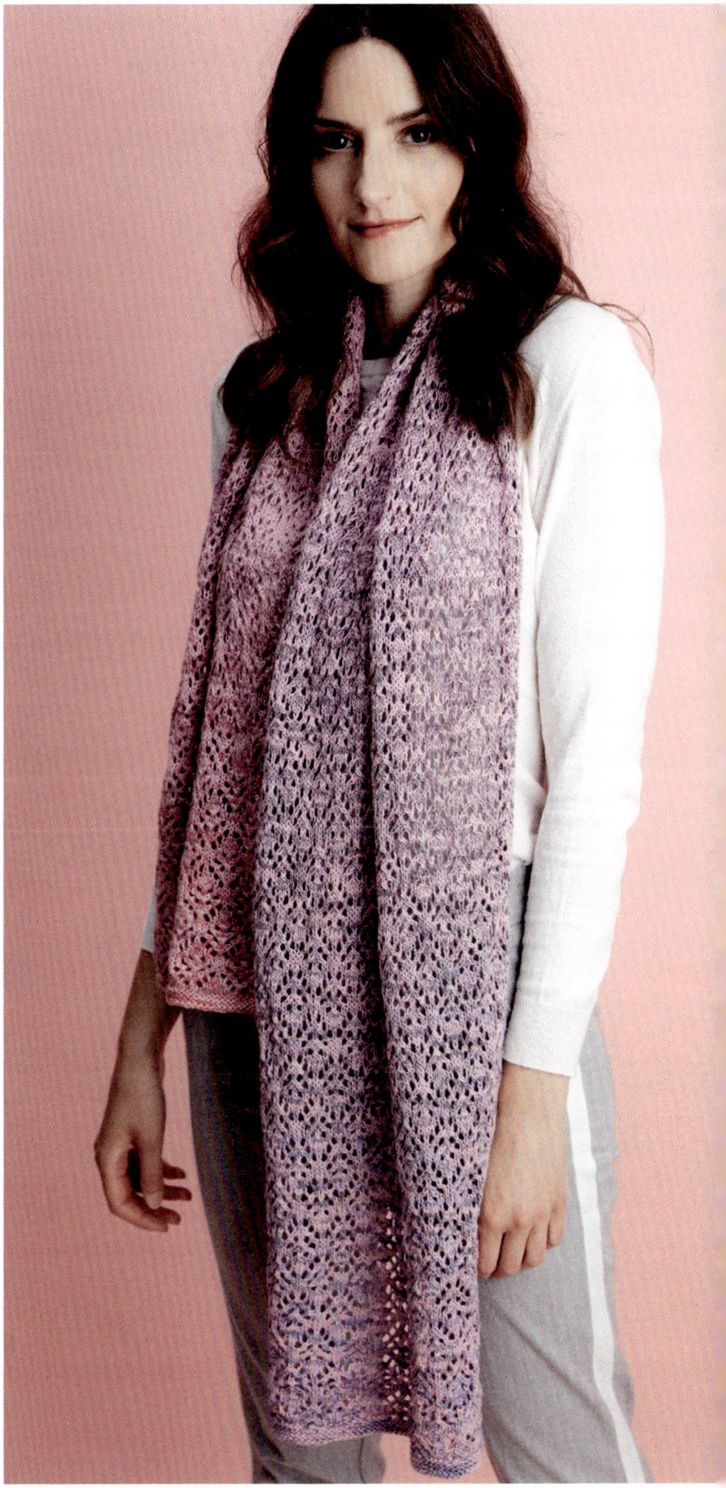

DREIECKSTÜCHER

Während eine Stola meist keine schrägen Kanten hat, werden für die dreieckige Form von Tüchern seitlich oder auch seitlich und an der Mittelachse Maschen zugenommen. Daher gibt es bei Strickschriften für Dreieckstücher ein paar Besonderheiten zu beachten. Wer wenig Erfahrung mit Strickschriften hat oder noch nie ein Dreieckstuch gestrickt hat, bekommt hier die Möglichkeit, sich mit der grafischen Darstellung der einzelnen Tuchformen vertraut zu machen.

ASYMMETRISCHES TUCH

Die asymmetrischen Dreieckstücher im Buch werden quer gestrickt, beginnend an einer seitlichen Spitze. Die Kante, an der die Zunahmen gearbeitet werden, bildet die obere Spannweite des Dreieckstuches.

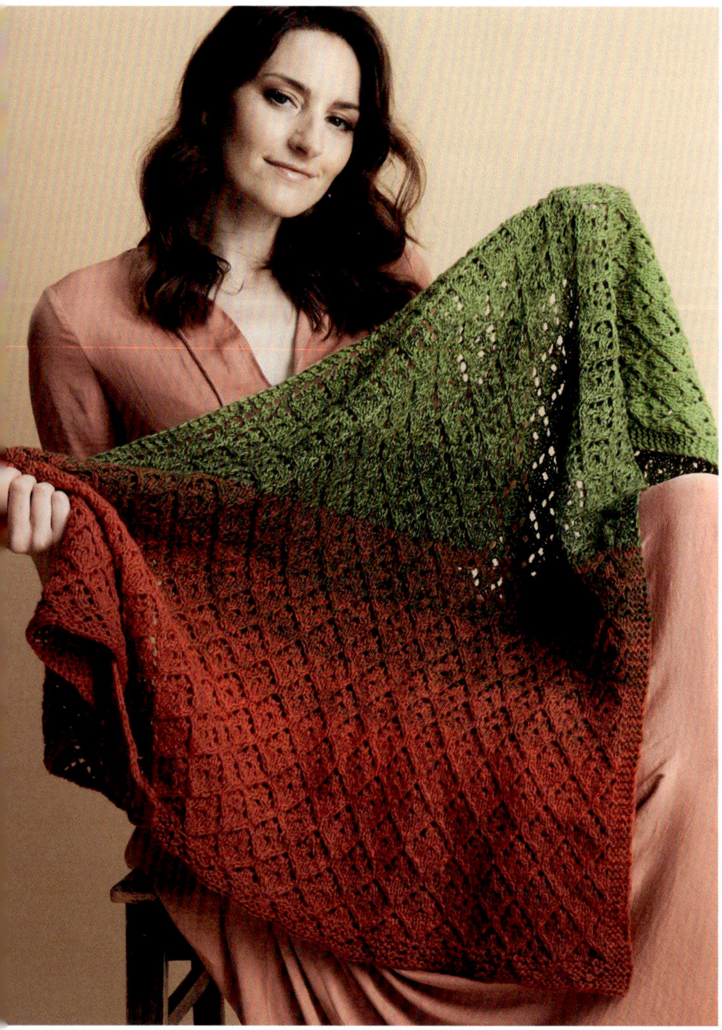

An einer Seitenkante werden Zunahmen gearbeitet, die nach und nach ins Muster eingefügt werden, die andere Kante bleibt gerade. Wer noch nie ein Dreieckstuch gestrickt hat, kann hier das Prinzip der Musterwiederholungen, der Zunahmen und das Einfügen der zugenommenen Maschen in das Muster kennenlernen.
Als Beispiel dient die Strickschrift von Seite 77 zum Modell „Glücksbringer" auf Seite 38.

MUSTERSATZ-WIEDERHOLUNGEN: Jede Reihe beginnt mit den Maschen vor dem Mustersatz, mit Erweiterung des Tuches wird der Mustersatz wiederholt, und die Reihe endet mit den Maschen nach dem Mustersatz. Bei diesem Beispiel geht der Mustersatz über 8 Maschen. Nach jeweils 12 Reihen kommen auf der rechten Seite des Tuches durch die Zunahmen 8 neue Maschen hinzu. Diese bilden einen weiteren Mustersatz, der nun in das Muster eingefügt wird. Somit wird der Mustersatz jeweils nach 12 Reihen 1x mehr gestrickt. Zur Verdeutlichung sind die neuen Mustersätze in der Strickschrift abwechselnd mal rot und mal blau unterlegt.
REIHEN-WIEDERHOLUNGEN: Da aus Platzgründen nicht das ganze Tuch als Strickschrift dargestellt werden kann, muss auf die Wiederholungen bereits gestrickter Reihen verwiesen werden. Die Reihen beginnen stets genauso wie in der Strickschrift gezeichnet, lediglich die Mustersätze wiederholen sich öfter. Zur Verdeutlichung sind die ersten Reihen der Wiederholungen oben in der Strickschrift mit eingezeichnet.

TUCH AB UNTERER SPITZE

Wie der Name schon sagt, beginnen diese Tücher an der unteren Spitze des Dreiecks, die Zunahmen finden an der rechten und linken Kante (Reihenanfang und -ende) statt. Die Abkettkante bildet die obere Spannweite des Tuches.

Bei dieser symmetrischen Tuchform werden die zugenommenen Maschen auf beiden Seiten nach und nach in das Muster eingefügt. Zur Mustersatz- und Reihenwiederholung siehe Seite 14.

Als Beispiel dient hier die Strickschrift auf dem Vorlagenbogen B zum Modell „Musterlinien" auf Seite 46.

Die Mittelmasche bildet hier die Symmetrieachse, d. h. die Maschen nach der Mittelmasche werden gespiegelt, also gegengleich zu den Maschen vor der Mittelmasche und in umgekehrter Reihenfolge gestrickt: aus 2 Maschen rechts zusammenstricken wird nach der Mittelmasche ein einfacher Überzug (= 2 Maschen überzogen zusammenstricken) und umgekehrt.

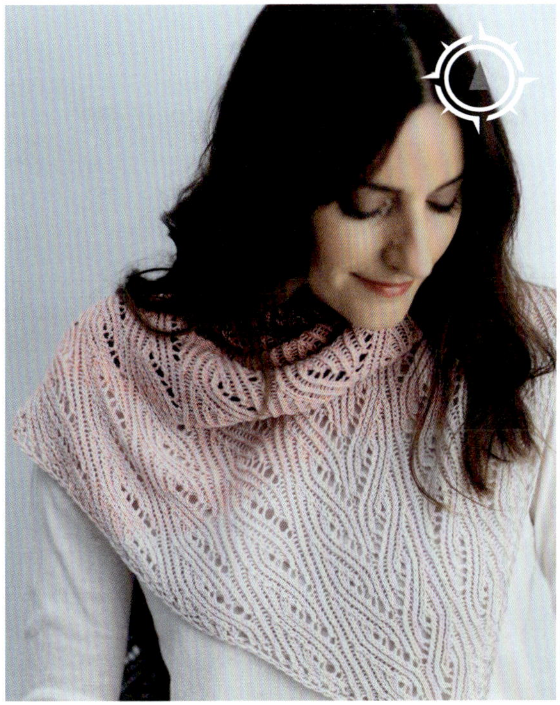

TUCH AB OBERER MITTE

Bei dieser symmetrischen Tuchform wird mit wenigen Maschen oben an der Nackenmitte begonnen, die Zunahmen erfolgen an vier Stellen: an der rechten und linken Kante (= Reihenanfang und -ende) und beidseits der Mittelmasche. Die Kante mit den Randmaschen bildet die obere Spannweite.

Als Beispiel dient hier die Strickschrift auf dem Vorlagenbogen A zum Modell „Lieblingsmaschen" von Seite 36.

An der Mittelachse und an den beiden Seiten werden die zugenommenen Maschen nach und nach in das Muster eingefügt. Zur Mustersatz- und Reihenwiederholung siehe Seite 14.

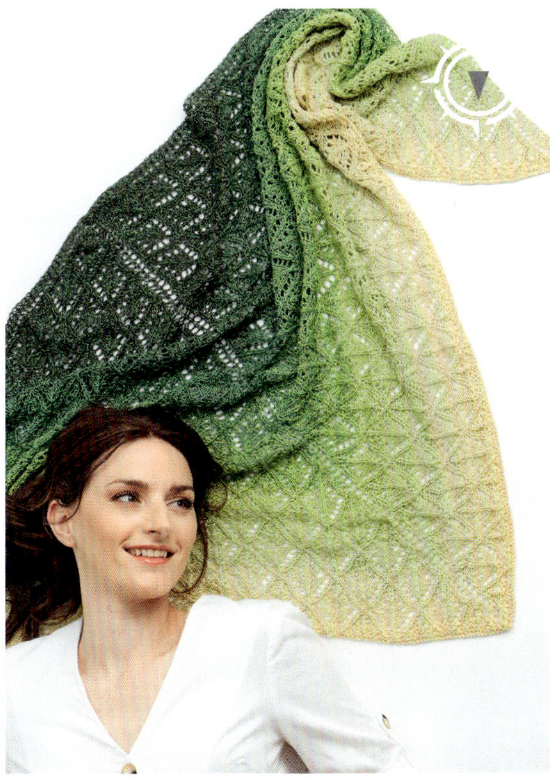

MASCHENPROBE

Bevor man ein Strickprojekt beginnt, sollte man mit dem gewählten Garn und der empfohlenen Nadelstärke eine Maschenprobe anfertigen. So wird sichergestellt, dass die richtige Nadelstärke verwendet wird und die gewünschten Maße des Strickstücks erreicht werden.
Die Maschenprobe ist auch eine gute Gelegenheit, das Muster kennenzulernen und ein wenig zu üben.

MASCHENZAHL BERECHNEN

Nehmen wir als Beispiel die Stola „Blumenteppich" von Seite 50. Hier lauten die Angaben zur Maschenprobe folgendermaßen:

22 M und 32 R = 10 x 10 cm

Damit sich die fertige Maschenprobe gut ausmessen lässt, sollte sie etwas mehr als 10 cm breit und hoch sein. Für dieses Beispiel benötigt man also etwas mehr als 22 Maschen und 32 Reihen.
Das Muster, also der zu wiederholende Mustersatz, besteht hier aus 8 Maschen. Damit das Muster rechts und links aufgeht, ist noch 1 zusätzliche Masche nötig. Die Maschenzahl für die Maschenprobe muss deshalb durch 8 plus 1 teilbar sein, dazu kommen noch die 2 Randmaschen. (Die je 4 Blendenmaschen an den beiden Seiten lässt man bei der Maschenprobe weg.) Somit wäre hier eine Maschenzahl von 27 Maschen sinnvoll: 3 x 8 Maschen (= 24 Maschen), plus die 1 zusätzliche Masche und 2 Randmaschen.

Für die Maschenprobe 27 Maschen anschlagen, 1 Randmasche und die 4 Maschen vor dem Mustersatz (= ein halber Mustersatz) stricken, den Mustersatz 2x (= 16 Maschen) arbeiten und mit den 5 Maschen nach dem Mustersatz (= ein halber Mustersatz plus 1 Masche) und der Randmasche enden.
In der Höhe die 9.–28. Reihe (diese 20 Reihen bilden einen Rapport in der Höhe, siehe Strickschrift auf Seite 79) so lange wiederholen, bis ca. 12 cm erreicht sind.

AUSMESSEN

Vor dem Messen der Maschenprobe sollte diese gespannt werden (siehe Seite 17). Zum Ausmessen die Maschenprobe auf eine glatte Fläche legen und aus der Mitte heraus 10 cm in der Breite und in der Höhe abmessen. Die Randmaschen werden nicht mitgemessen, da diese nicht zum Muster zählen. Nun zum Bestimmen der Maschenprobe die Maschen und Reihen innerhalb der ausgemessen 10 cm zählen. Hat man mehr Maschen als die in der Anleitung angegebene Maschenprobe, so sollte man eine größere Nadelstärke wählen, um eine kleinere Maschenzahl zu erreichen. Hat man dagegen weniger Maschen, sollte man eine kleinere Nadelstärke wählen, um eine größere Maschenzahl zu erreichen.

LOCKERE KANTEN

Damit sich ein Tuch schön um den Hals legt, ist es wichtig, dass es sich gut dehnen lässt und die Kanten nicht spannen. Daher sollte besonders darauf geachtet werden, dass die Abkettkante und die Randmaschen locker gearbeitet werden.

RANDMASCHEN

Bei den meisten Tüchern im Buch werden die erste und die letzte Masche der Reihe als Kettrandmasche gestrickt. So bildet sich eine schöne Kante: Zu Beginn der Reihe die Randmasche stets wie zum Linksstricken abheben, dabei den Faden vor der Arbeit mitführen. Am Ende der Reihe die Randmasche stets rechts stricken, dabei die Masche etwas hochziehen, damit sich die Kante dehnen lässt.

ABKETTEN

Für eine elastische Kante beim Abketten darauf achten, dass die zuletzt gestrickte Masche etwas hochgezogen wird, damit man die Kante nach dem Abketten etwas in die Breite ziehen kann.

Eine andere Möglichkeit ist, vor jeder 2. Masche einen Umschlag zu arbeiten. Dazu vor einer linken Masche den Umschlag wie gewohnt auf die Nadel legen, vor einer rechten Masche den Umschlag nicht von vorn nach hinten, sondern von hinten nach vorn um die Nadel legen. Diesen Umschlag beim Abketten mit überziehen. Wird der Rand dennoch zu eng, vor jeder Masche 1 Umschlag arbeiten.

SPANNEN

Nach dem Vernähen der Fäden ist das Spannen eines Strickstücks vermutlich fast genauso unbeliebt wie eingangs die Maschenprobe. Ein Tuch mit Stecknadeln auf eine Spannmatte zu spannen, dauert aber kaum länger als das Abketten der letzten Reihe. Und dieser kleine Aufwand ist tatsächlich der krönende Abschluss eines Strickprojekts – nach dem Spannen liegen die Kanten schön flach und das Muster kommt erst richtig zur Geltung.

Zum Spannen von Strickstücken gibt es im Fachhandel spezielle Spannmatten und Kammnadeln. Um das Strickstück durch Spannen in die gewünschte Form zu bringen, eignen sich aber auch Puzzelmatten (wie sie oft in Kinderzimmern zu finden sind) und herkömmliche Stecknadeln. Eine weitere Möglichkeit ist, auf eine Matratze, z. B. das Gästebett, ein großes, gestreiftes Badetuch zu legen und entlang der Geraden die längste Kante des Tuches im Abstand von ca. 1 cm aufzustecken. Beim Aufstecken sollte keine zu große Spannung entstehen – das Tuch nur ganz leicht dehnen und in Form bringen.

Zum Anfeuchten kann man das Tuch schon vor dem Spannen in lauwarmes Wasser legen und vorsichtig ausdrücken (keinesfalls auswringen!). Eine weitere Möglichkeit ist, ein feuchtes Handtuch auf das bereits gespannte Tuch zu legen und dieses leicht anzudrücken. So geht ein wenig von der Feuchtigkeit des Handtuches auf das Strickstück über. Danach entfernt man das Handtuch und lässt das Tuch gut trocknen.

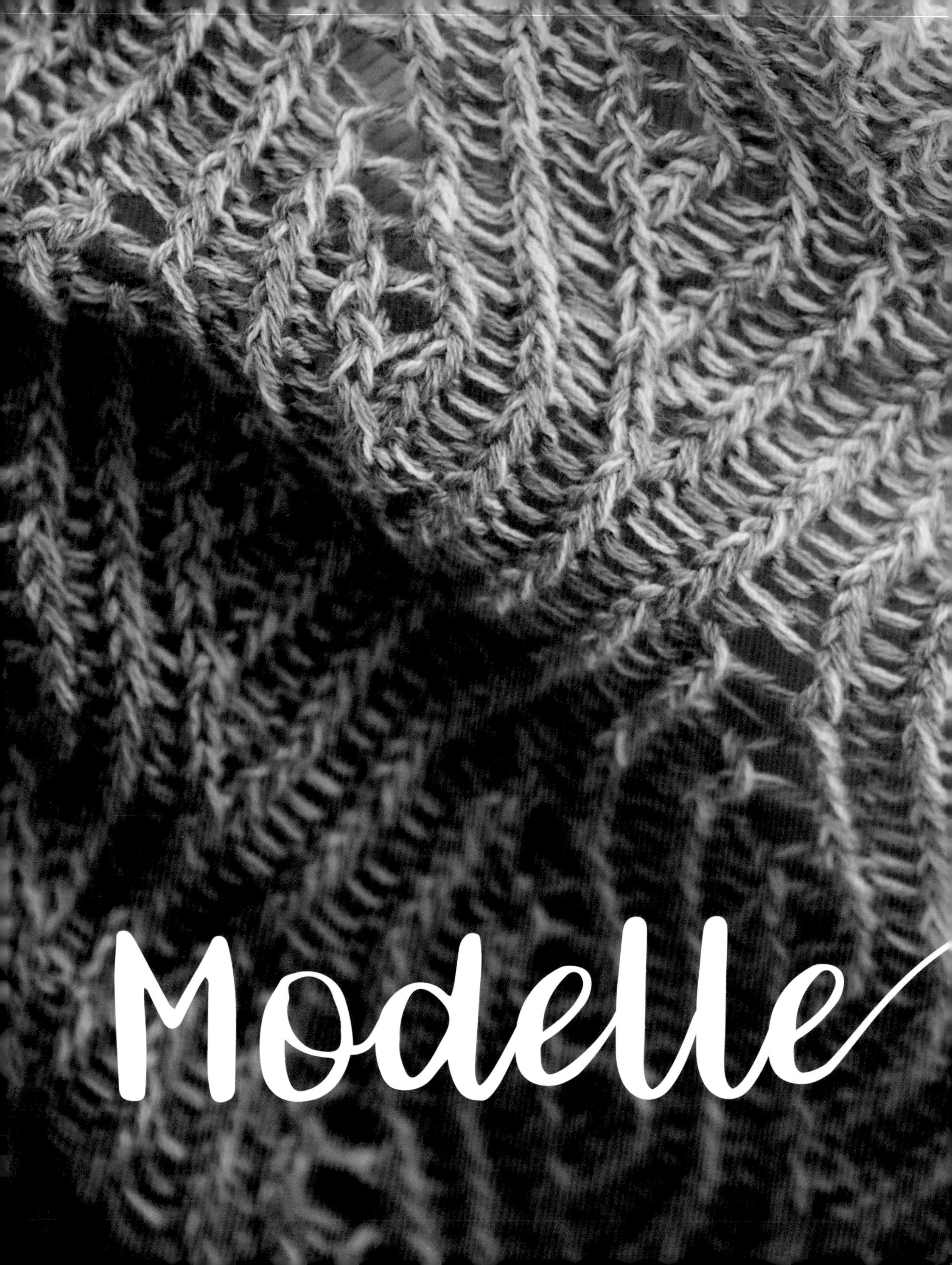

Modelle

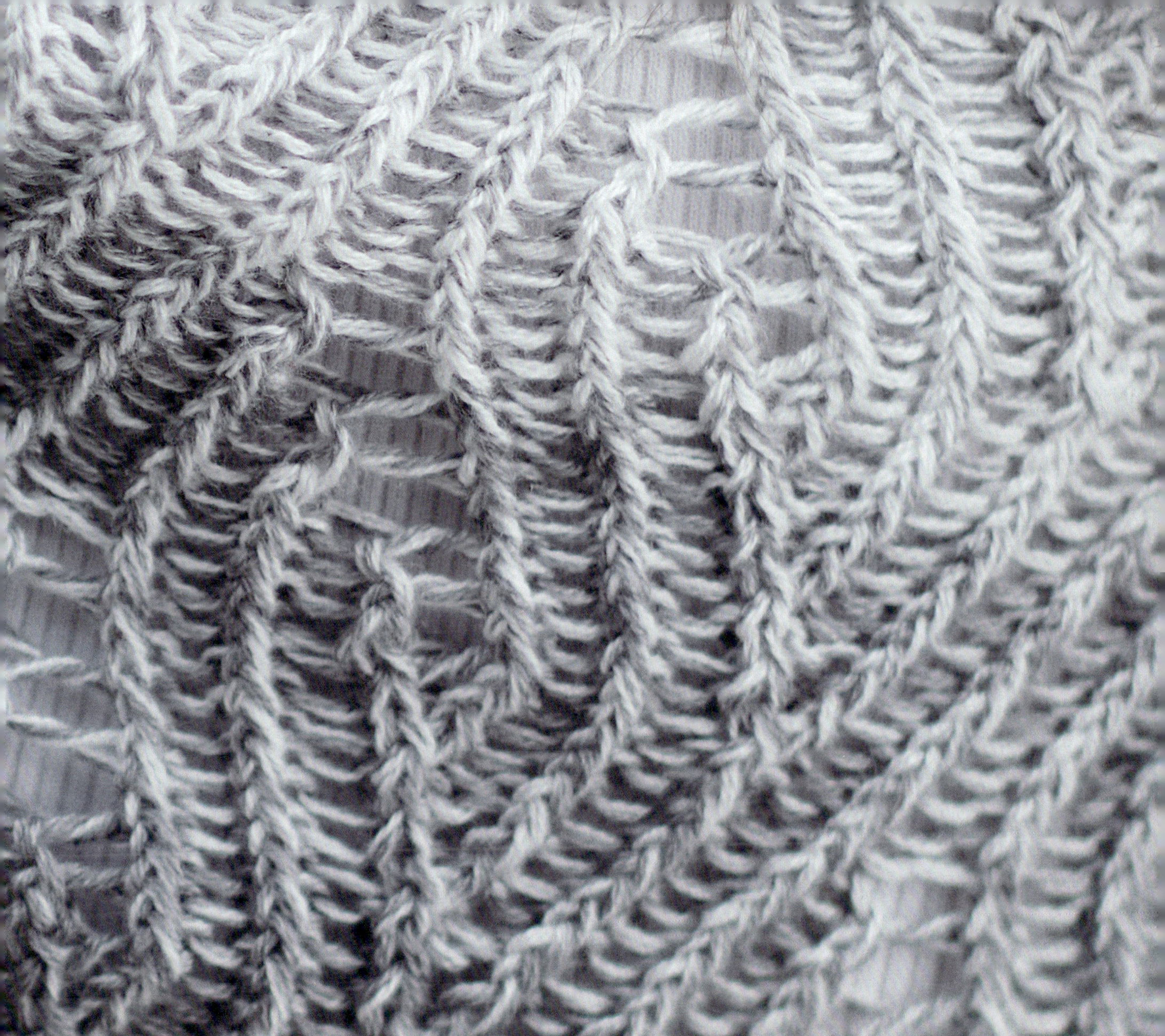
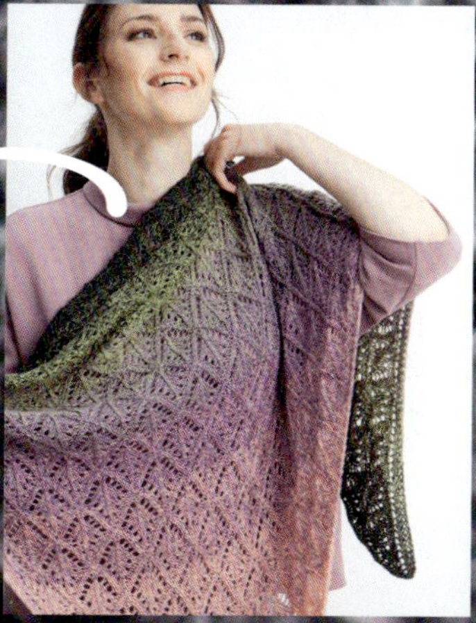
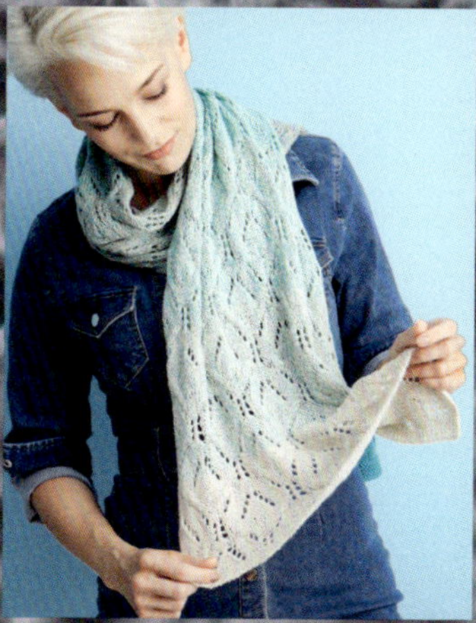
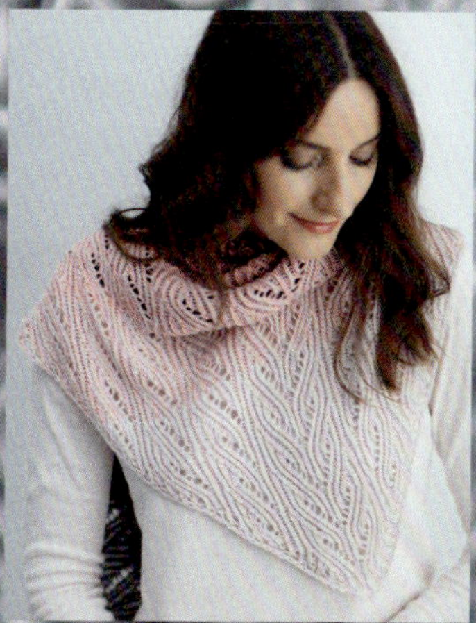
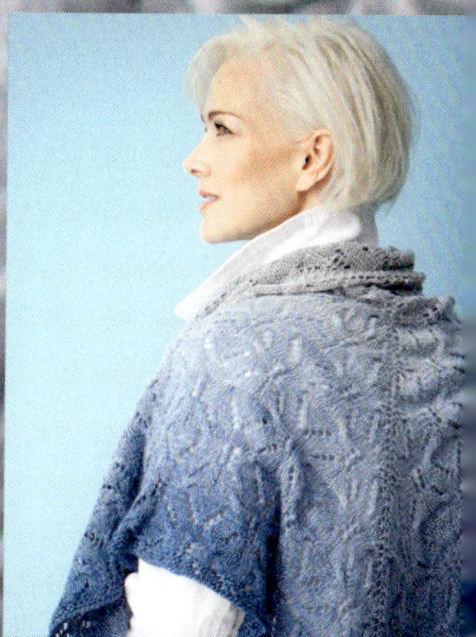

Verführung
STOLA

SCHWIERIGKEIT 1

GRÖSSE
ca. 175 x 50 cm

MATERIAL
Woolly Hugs LACE (75 % Super-Kid-Mohair, 25 % Seide, LL ca. 800 m/80 g) von L&K (www.VeronikaHug.com):
1 Kone in Wunschfarbe (Original in Farbe Nr. 48)
1 lange Rundstricknadel 3,5–4,5 mm

MUSTER
Ajourmuster: Laut Strickschrift arbeiten. Die M-Zahl muss durch 28 teilbar sein, plus 1 zusätzliche M, damit das Muster rechts und links aufgeht, plus 8 M für die Randblenden. Es sind nur die Hin-R gezeichnet. In den Rück-R die M stricken, wie sie erscheinen, U links stricken. Die rot unterlegten M bilden den MS.

MASCHENPROBE
18 M und 26 R = 10 x 10 cm

STRICKSCHRIFT
Seite 70

ANLEITUNG

Die Stola wird quer gestrickt.
317 M anschlagen und wie folgt im Ajourmuster stricken: Mit den 5 M vor dem MS beginnen, den MS 11x arbeiten, enden mit den 4 M nach dem MS.
Die 1.–22. R 1x stricken. Danach die 9.–22. R stets wiederholen.
Etwa 10 R bevor die Kone aufgebraucht ist, nach einer 22. R mit der 23.–30. R enden. Dann alle M laut Workshop (Seite 17) locker rechts abketten.

FERTIGSTELLUNG: Fäden vernähen.

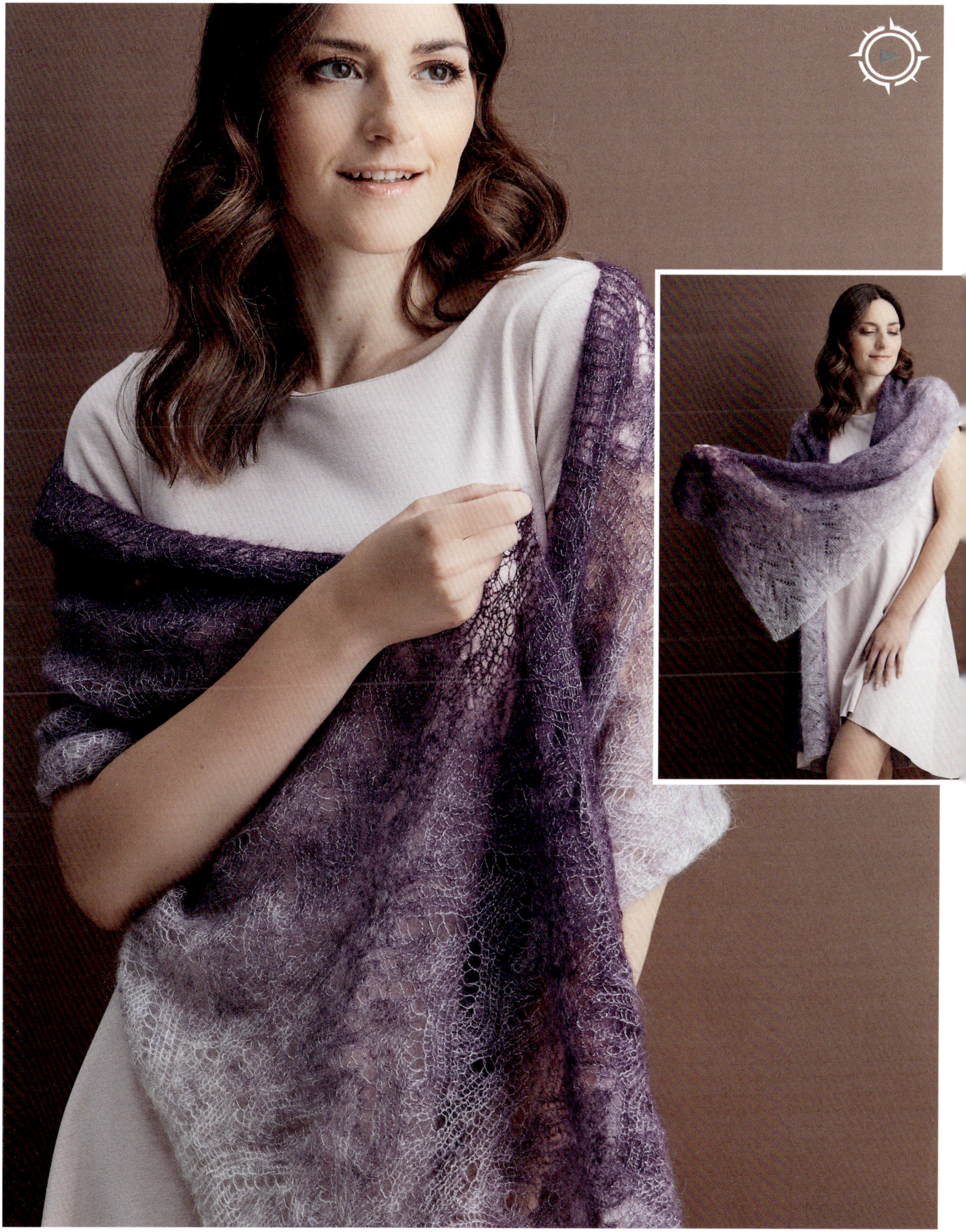

verführung

ASYMMETRISCHES TUCH

SCHWIERIGKEIT 2

GRÖSSE
ca. 165 x 90 cm

MATERIAL
Woolly Hugs BOBBEL COTTON (50 % Baumwolle, 50 % Polyacryl, LL ca. 800 m/200 g) von L&K (www.VeronikaHug.com): 1 BOBBEL in Wunschfarbe (Original in Farbe Nr. 55)

1 lange Rundstricknadel 3,0–4,0 mm

1 Maschenmarkierer

MUSTER
Ajourmuster: Laut Strickschrift arbeiten. Es sind nur die Hin-R gezeichnet. In den Rück-R die M stricken, wie sie erscheinen, U links stricken.

MASCHENPROBE
22 M und 32 R = 10 x 10 cm

STRICKSCHRIFT
Seite 71

ANLEITUNG

An der seitlichen Spitze beginnend 3 M anschlagen und 1 Rück-R linke M stricken.
Dann mit der 1. R (= Hin-R) der Strickschrift beginnen: 1 Rand-M, 1 U, 1 M links, 1 Rand-M = 4 M.
Anschließend die 2. R (= Rück-R) arbeiten: 1 Rand-M, 1 M rechts, 1 M links, 1 Rand-M.
Nun ab der 3. R laut Strickschrift fortfahren.
Zunächst die 1.–94. R der Strickschrift 1x arbeiten. Danach die 53.–94. R stets wiederholen.
Ab der 53. R ist der MS rot unterlegt. Nach jeweils 42 R kommt durch die Zunahmen 1 weiterer MS hinzu.
Zur Hilfestellung ist die 95.–98. R noch oben in der Strickschrift mit eingezeichnet. Diese R werden genauso gestrickt wie die 53.–56. R, nur dass der MS statt nur 1x nun 2x gestrickt wird (= blaue Fläche rechts vom roten MS).
Kurz nach Beginn des letzten Farbabschnitts des Garns nach einer Rück-R für die obere Blende über alle M im Rippenmuster stricken. Dafür nach der Rand-M die ersten 2 M stets wiederholen. Nach 8 R im Rippenmuster alle M laut Workshop (Seite 17) locker abketten, wie sie erscheinen.

FERTIGSTELLUNG: Die Fäden vernähen. Das Tuch leicht spannen, anfeuchten und trocknen lassen.

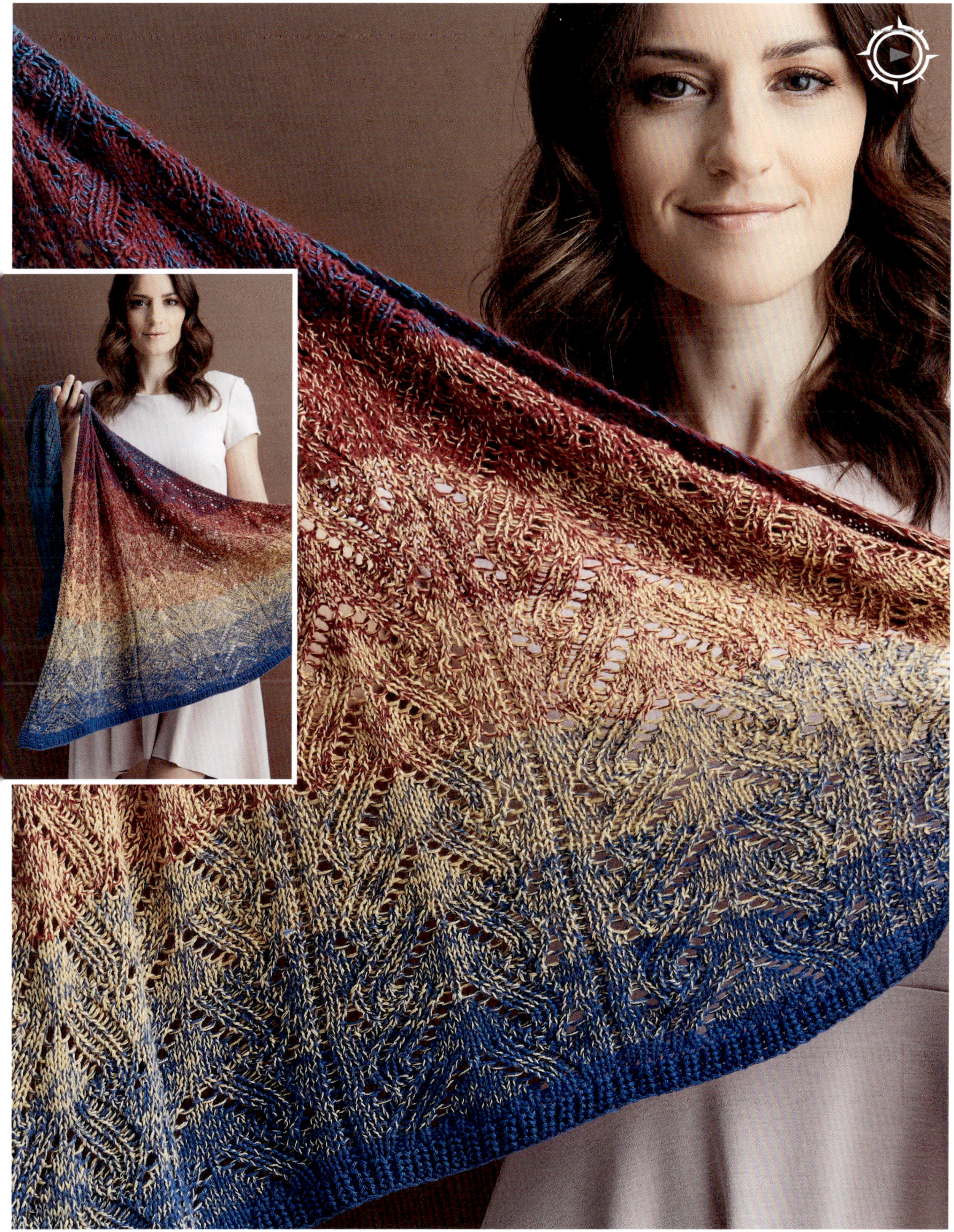

Verführung

TUCH AB UNTERER SPITZE

SCHWIERIGKEIT 2

GRÖSSE
ca. 180 x 90 cm

MATERIAL
Woolly Hugs BOBBEL COTTON (50 % Baumwolle, 50 % Polyacryl, LL ca. 800 m/200 g) von L&K (www.VeronikaHug.com):
1 BOBBEL in Wunschfarbe (Original in Farbe Nr. 50)
1 lange Rundstricknadel 3,0–4,0 mm
1 Maschenmarkierer

MUSTER
Ajourmuster: Laut Strickschrift arbeiten. Es sind nur die Hin-R gezeichnet. In den Rück-R die M stricken, wie sie erscheinen, U links stricken. Die rot unterlegten M bilden den MS.

MASCHENPROBE
22 M und 32 R = 10 x 10 cm

STRICKSCHRIFT
Vorlagenbogen B

ANLEITUNG

An der unteren Spitze beginnend 3 M anschlagen und 1 Rück-R linke M stricken.
Dann mit der 1. R (= Hin-R) der Strickschrift beginnen: 1 Rand-M, 1 M rechts (= Mittel-M, diese evtl. markieren), 1 Rand-M.
Anschließend die 2. R (= Rück-R) arbeiten: 1 Rand-M, 1 M links, 1 Rand-M.
Nun ab der 3. R laut Strickschrift fortfahren.
Zunächst die 1.–52. R der Strickschrift 1x arbeiten. Danach das Muster laut Strickschrift und Anleitung zum asymmetrischen Tuch „Verführung" auf Seite 22 fortführen und das Tuch mit der oberen Blende genauso beenden.

Zur Hilfestellung ist die 53.–58. R noch oben in der Strickschrift mit eingezeichnet. Diese R werden genauso gestrickt wie die 53.–58. R vom asymmetrischen Tuch „Verführung" von Seite 71, nur dass die Patent-M nach dem MS die Mittel-M bildet (siehe Pfeil über der Strickschrift). Nach der Mittel-M die R stets gegengleich (= gespiegelt) abstricken: aus 2 M rechts zusammenstricken wird 1 einfacher Überzug und umgekehrt.

FERTIGSTELLUNG: Die Fäden vernähen. Das Tuch leicht spannen, anfeuchten und trocknen lassen.

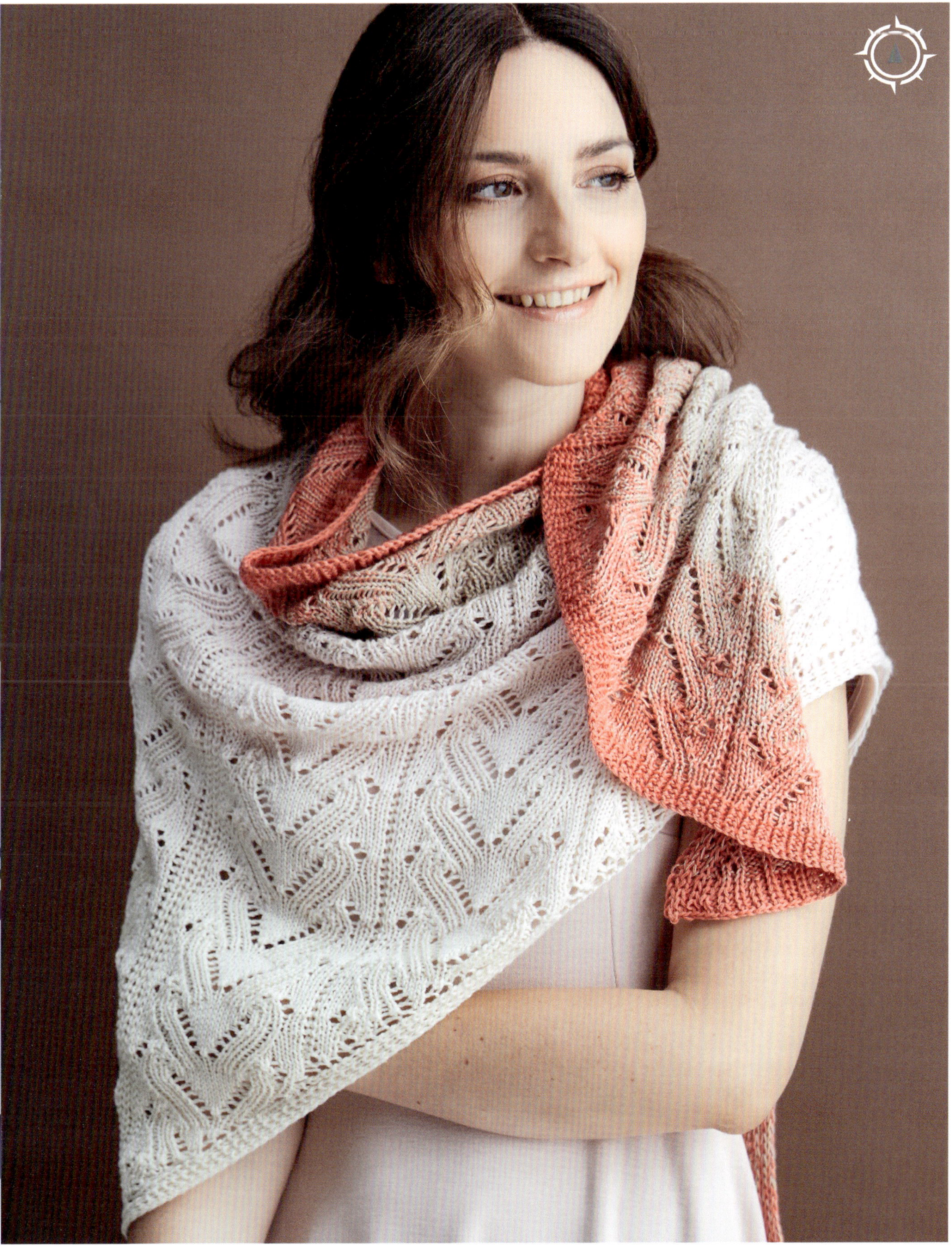

Freudentanz
STOLA

SCHWIERIGKEIT 1

GRÖSSE
ca. 170 x 50 cm

MATERIAL
Woolly Hugs BOBBEL COTTON (50 % Baumwolle, 50 % Polyacryl, LL ca. 800 m/200 g) von L&K (www.VeronikaHug.com):
1 BOBBEL in Wunschfarbe (Original in Farbe Nr. 51)

Stricknadeln Nr. 3,0–4,0

1 Zopf- oder Hilfsnadel

MUSTER
Ajourmuster: Laut Strickschrift arbeiten. Die M-Zahl muss durch 22 teilbar sein, plus 9 zusätzliche M, damit das Muster rechts und links aufgeht, plus 8 M für die Randblenden. Es sind nur die Hin-R gezeichnet. In den Rück-R die M stricken, wie sie erscheinen, U links stricken, kraus rechts gestrickte M rechts stricken. Die rot unterlegten M bilden den MS.

MASCHENPROBE
22 M und 32 R = 10 x 10 cm

STRICKSCHRIFT
Seite 72

ANLEITUNG

105 M anschlagen und wie folgt im Ajourmuster stricken: Mit den 8 M vor dem MS beginnen, den MS 4x arbeiten, enden mit den 9 M nach dem MS.
Die 1.–40. R 1x stricken. Danach die 9.–40. R stets wiederholen.
In Wunschlänge bzw. kurz bevor der BOBBEL aufgebraucht ist, nach einer 38. R der Strickschrift mit der 41.–48. R enden. Anschließend alle M laut Workshop (Seite 17) locker rechts abketten.

FERTIGSTELLUNG: Die Fäden vernähen. Das Tuch leicht spannen, anfeuchten und trocknen lassen.

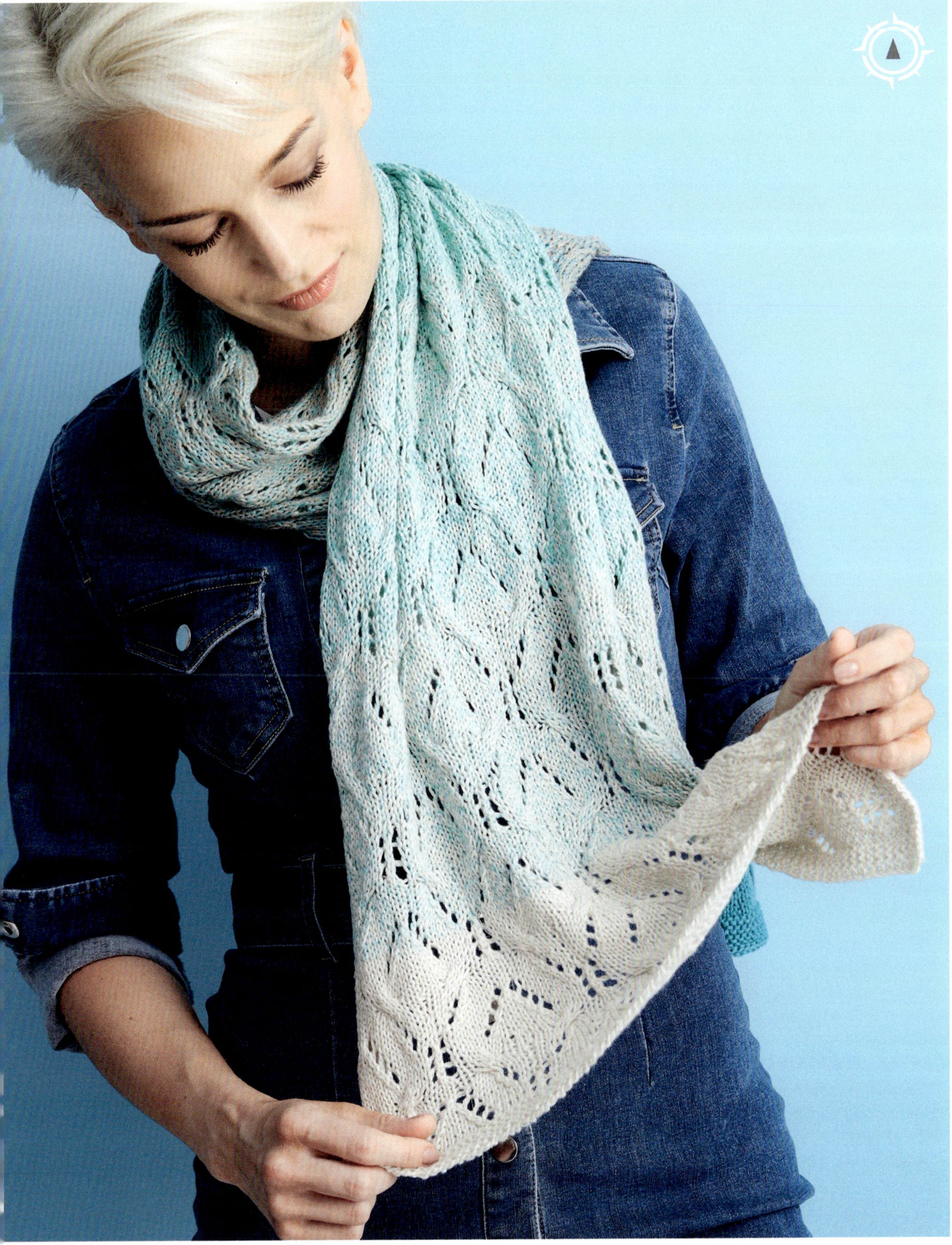

Freudentanz

TUCH AB OBERER MITTE

SCHWIERIGKEIT 3

GRÖSSE
ca. 200 x 100 cm

STRICKSCHRIFT
Vorlagenbogen A

MATERIAL
Woolly Hugs BOBBEL XXL (50 % Baumwolle, 50 % Polyacryl, LL ca. 1000 m/250 g) von L&K (www.VeronikaHug.com):
1 BOBBEL in Wunschfarbe (Original in Farbe Nr. 603)
1 lange Rundstricknadel 3,0–4,0 mm
1 Zopf- oder Hilfsnadel
1 Maschenmarkierer

MUSTER
Ajourmuster: Laut Strickschrift arbeiten. Es sind nur die Hin-R gezeichnet. In den Rück-R die M stricken, wie sie erscheinen, rechts verschränkte M und U links stricken, kraus rechts gestrickte M rechts stricken.

MASCHENPROBE
22 M und 32 R = 10 x 10 cm

ANLEITUNG

An der oberen Mitte beginnend 11 M anschlagen und 1 Rück-R linke M stricken.
Dann mit der 1. R (= Hin-R) der Strickschrift beginnen: 1 Rand-M, 3 M kraus rechts (= rechts stricken), 1 U, 1 M rechts verschränkt, 1 U, 1 M rechts verschränkt (= Mittel-M, diese evtl. markieren), 1 U, 1 M rechts verschränkt, 1 U, 3 M kraus rechts, 1 Rand-M.
Nun die 2. R (= Rück-R) arbeiten: 1 Rand-M, 3 M rechts, 7 M links, 3 M rechts, 1 Rand-M.
Nun ab der 3. R laut Strickschrift fortfahren.
Zunächst die 1.–66. R der Strickschrift 1x arbeiten, dabei die M ab der Mittel-M stets gegengleich (= gespiegelt) abstricken: aus 2 M rechts zusammenstricken wird 1 einfacher Überzug und umgekehrt. Zum besseren Verständnis sind bis zur 12. R noch alle M gezeichnet. Nach 66 R die 35.–66. R stets wiederholen. Ab der 35. R ist rechts von der Mittel-M der MS rot unterlegt. Nach jeweils 32 R kommen durch die Zunahmen zu beiden Seiten der Mittel-M jeweils 2 weitere MS hinzu.
Zur Hilfestellung ist die 67.–70. R noch oben in der Strickschrift mit eingezeichnet. Diese R werden genauso gestrickt wie die 35.–38. R, nur dass rechts und links der Mittel-M der MS statt nur 1x nun 3x gestrickt wird (= blaue Flächen beidseits des ersten roten MS).
Damit sich das Tuch oben nicht einrollt, ca. 12 R bevor der BOBBEL aufgebraucht ist, in den Rück-R stets rechte M stricken (die Hin-R weiter laut Strickschrift arbeiten), so dass das Ajourmuster wie ein Kraus-rechts-Muster eine Randblende bildet. Danach alle M laut Workshop (Seite 17) locker abketten.

FERTIGSTELLUNG: Die 11 Anschlag-M mit dem Anfangsfaden zusammenziehen und die Fäden vernähen. Das Tuch leicht spannen, anfeuchten und trocknen lassen.

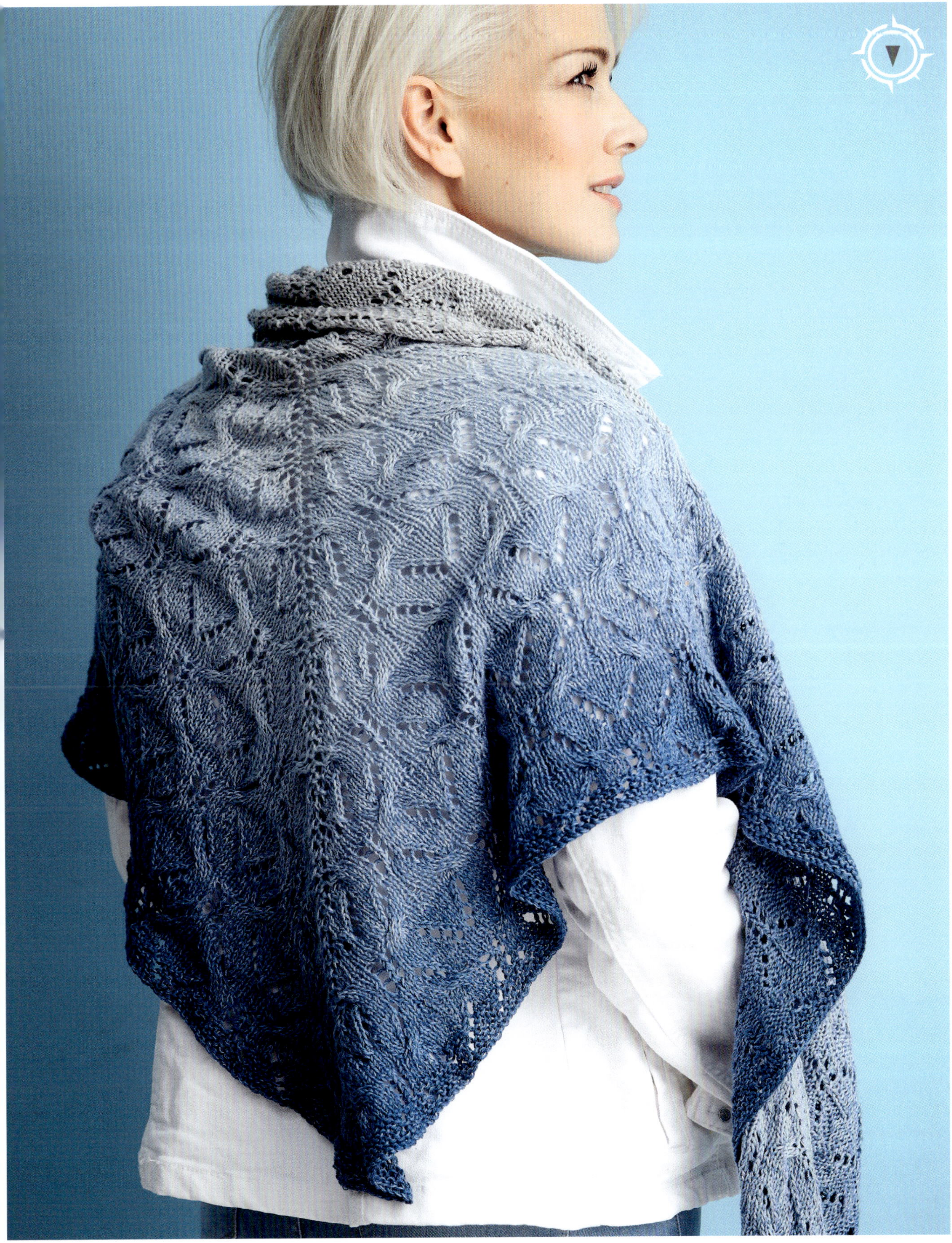

Lieblingsmuster
STOLA

SCHWIERIGKEIT 1

GRÖSSE

ca. 48 x 205 cm

MATERIAL

Woolly Hugs LACE (75 % Super-Kid-Mohair, 25 % Seide, LL ca. 800 m/80 g):
1 Kone in Wunschfarbe (Original in Farbe Nr. 68)
Stricknadeln Nr. 3,5–4,5
1 Zopf- oder Hilfsnadel

MUSTER

Ajourmuster: Laut Strickschrift arbeiten. Die M-Zahl muss durch 14 teilbar sein, plus 1 zusätzliche Masche, damit das Muster rechts und links aufgeht, plus 8 M für die Randblenden. Es sind nur die Hin-R gezeichnet. In den Rück-R die M stricken, wie sie erscheinen, U links stricken, kraus rechts gestrickte M rechts stricken. Die rot unterlegten M bilden den MS.

MASCHENPROBE

18 M und 27 R = 10 x 10 cm

STRICKSCHRIFT

Seite 74

ANLEITUNG

93 M anschlagen und wie folgt im Ajourmuster stricken: Mit den 11 M vor dem MS beginnen, den MS 5x arbeiten, enden mit den 12 M nach dem MS.
Die 1.–32. R 1x stricken. Danach die 9.–32. R stets wiederholen.
Kurz bevor die Kone aufgebraucht ist, nach einer 20. oder 32. R der Strickschrift mit der 33.–38. R enden. Anschließend alle M laut Workshop (Seite 17) locker abketten.

FERTIGSTELLUNG: Die Fäden vernähen.

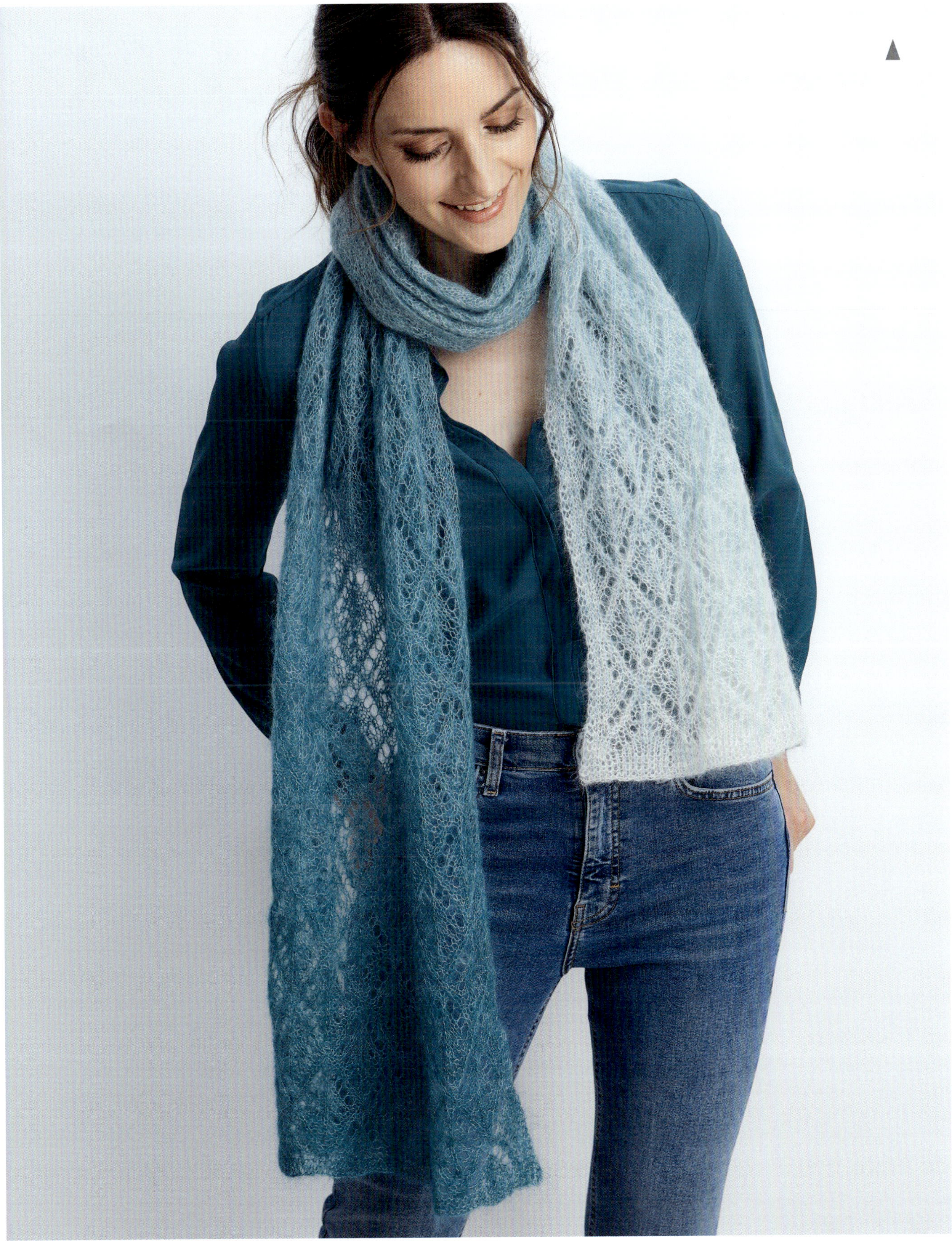

Lieblingsmuster

ASYMMETRISCHES TUCH

SCHWIERIGKEIT 2

GRÖSSE
ca. 190 x 100 cm

MATERIAL
Woolly Hugs BOBBEL COTTON (50 % Baumwolle, 50 % Polyacryl, LL ca. 800 m/200 g) von L&K (www.VeronikaHug.com):
1 BOBBEL in Wunschfarbe (Original in Farbe Nr. 52)
1 lange Rundstricknadel 3,0–4,0 mm
1 Zopf- oder Hilfsnadel

MUSTER
Ajourmuster: Laut Strickschrift arbeiten. Es sind nur die Hin-R gezeichnet. In den Rück-R die M stricken, wie sie erscheinen, U ab der 4. R links stricken, kraus rechts gestrickte M rechts stricken.

MASCHENPROBE
22 M und 32 R = 10 x 10 cm

STRICKSCHRIFT
Seite 75

ANLEITUNG

An der seitlichen Spitze beginnend 4 M anschlagen und 1 Rück-R linke M stricken.
Dann mit der 1. R (= Hin-R) der Strickschrift beginnen: 1 Rand-M, 1 U, 1 M kraus rechts (rechts stricken), 1 U, 1 M kraus rechts, 1 U, 1 Rand-M.
Anschließend die 2. R (= Rück-R) arbeiten: 1 Rand-M, 5 M rechts, 1 Rand-M.
Nun ab der 3. R laut Strickschrift fortfahren.
Zunächst die 1.–60. R der Strickschrift 1x arbeiten. Danach die 37.–60. R stets wiederholen.
Ab der 37. R ist der MS rot unterlegt. Nach jeweils 24 R kommt durch die Zunahmen 1 weiterer MS hinzu.
Zur Hilfestellung ist die 61.–64. R noch oben in der Strickschrift mit eingezeichnet. Diese R werden genauso gestrickt wie die 37.–40. R, nur dass der MS statt nur 1x nun 2x gestrickt wird (= blaue Fläche rechts vom roten MS).
Damit sich das Tuch oben nicht einrollt, ca. 8 R bevor der BOBBEL aufgebraucht ist, in den Rück-R stets rechte M stricken (die Hin-R weiter laut Strickschrift arbeiten) und das Tuch mit einer Rück-R beenden. Danach alle M laut Workshop (Seite 17) locker abketten.

FERTIGSTELLUNG: Die Fäden vernähen. Das Tuch leicht spannen, anfeuchten und trocknen lassen.

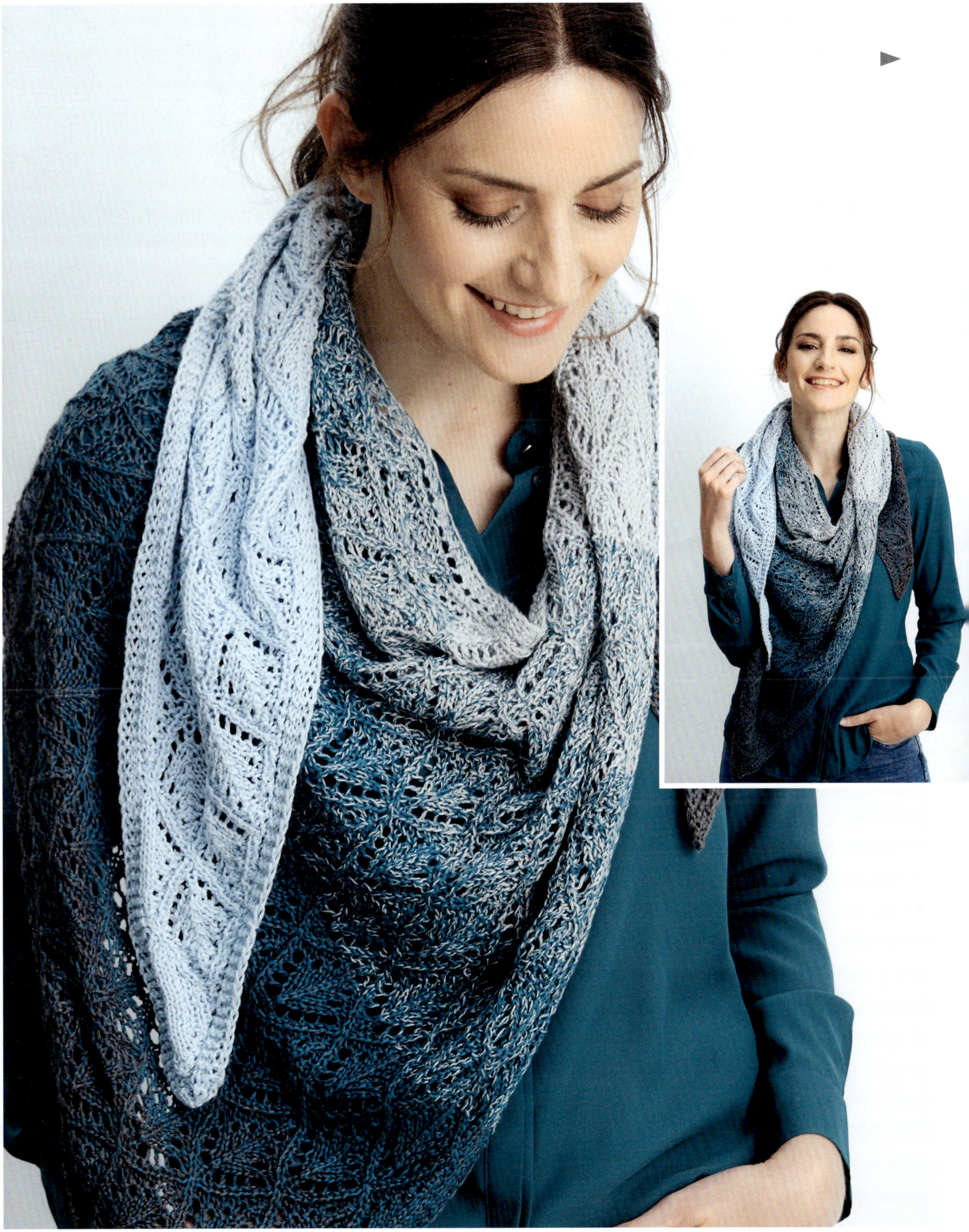

Lieblingsmuster

TUCH AB UNTERER SPITZE

SCHWIERIG-KEIT 2

GRÖSSE
ca. 190 x 95 cm

MATERIAL
Woolly Hugs BOBBEL COTTON (50 % Baumwolle, 50 % Polyacryl, LL ca. 800 m/200 g) von L&K (www.VeronikaHug.com): 1 BOBBEL in Wunschfarbe (Original in Farbe Nr. 53)
1 lange Rundstricknadel 3,0–4,0 mm
1 Maschenmarkierer

MUSTER
Ajourmuster: Laut Strickschrift arbeiten. Es sind nur die Hin-R gezeichnet. In den Rück-R die M stricken, wie sie erscheinen, U links stricken, kraus rechts gestrickte M rechts stricken.

MASCHENPROBE
22 M und 32 R = 10 x 10 cm

STRICKSCHRIFT
Seite 76

ANLEITUNG

An der unteren Spitze beginnend 7 M anschlagen und 1 Rück-R linke M stricken.
Dann mit der 1. R (= Hin-R) der Strickschrift beginnen: 1 Rand-M, 1 M kraus rechts, (= rechts stricken), 1 U, 1 M kraus rechts, 1 U, 1 M rechts (= Mittel-M, evtl. markieren), 1 U, 1 M kraus rechts, 1 U, 1 M kraus rechts, 1 Rand-M.
Anschließend die 2. R (= Rück-R) arbeiten: 1 Rand-M, 3 M rechts, 3 M links, 3 M rechts, 1 Rand-M.
Nun ab der 3. R laut Strickschrift fortfahren.
Zunächst die 1.–40. R der Strickschrift 1x arbeiten. Danach die 17.–40. R stets wiederholen.
Ab der 17. R ist der MS rot unterlegt. Nach jeweils 24 R kommen durch die Zunahmen 2 weitere MS hinzu.
Zur Hilfestellung ist die 41.–44. R noch oben in der Strickschrift mit eingezeichnet. Diese R werden genauso gestrickt wie die 17.–20. R, nur dass der MS statt nur 1x nun 3x gestrickt wird (= blaue Flächen beiseits des roten MS).
Damit sich das Tuch oben nicht einrollt, ca. 8 R bevor der BOBBEL aufgebraucht ist, in den Rück-R stets rechte M stricken (die Hin-R weiter laut Strickschrift arbeiten) und das Tuch mit einer Rück-R beenden. Danach alle M laut Workshop (Seite 17) locker abketten.

FERTIGSTELLUNG: Die Fäden vernähen. Das Tuch leicht spannen, anfeuchten und trocknen lassen.

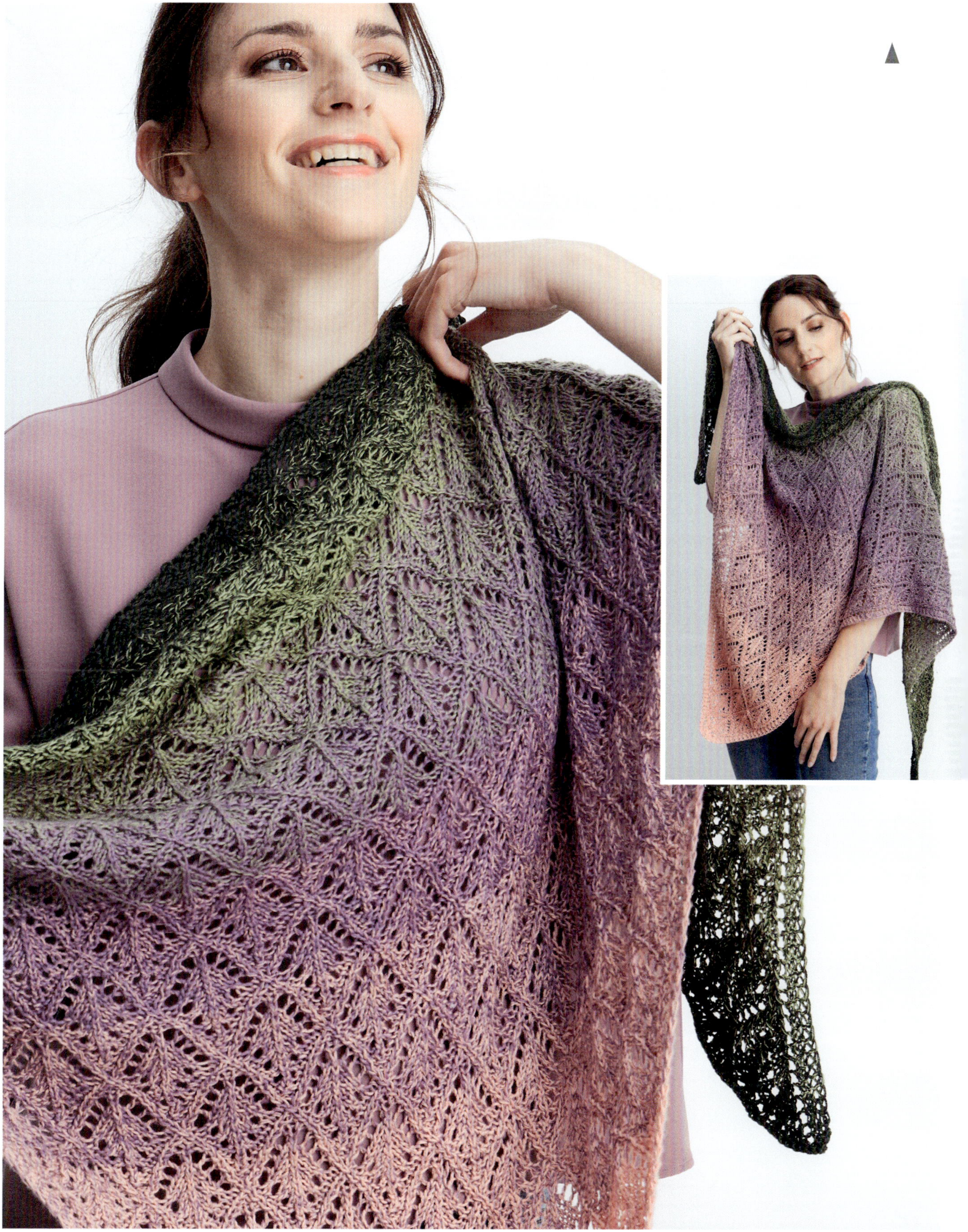

Lieblingsmuster

TUCH AB OBERER MITTE

SCHWIERIGKEIT 3

GRÖSSE
ca. 210 x 105 cm

MATERIAL
Woolly Hugs BOBBEL XXL (50 % Baumwolle, 50 % Polyacryl, LL ca. 1000 m/250 g) von L&K (www.VeronikaHug.com): 1 BOBBEL in Wunschfarbe (Original in Farbe Nr. 605)
1 lange Rundstricknadel 3,0–4,0 mm
1 Maschenmarkierer

MUSTER
Ajourmuster: Laut Strickschrift arbeiten. Es sind nur die Hin-R gezeichnet. In den Rück-R die M stricken, wie sie erscheinen, U links stricken, kraus rechts gestrickte M rechts stricken.

MASCHENPROBE
22 M und 32 R = 10 x 10 cm

STRICKSCHRIFT
Vorlagenbogen A

ANLEITUNG

An der oberen Mitte beginnend 11 M anschlagen und 1 Rück-R linke M stricken.
Dann mit der 1. R (= Hin-R) der Strickschrift beginnen: 1 Rand-M, 3 M kraus rechts (= rechts stricken), 1 U, 1 M rechts, 1 U, 1 M rechts (= Mittel-M, diese evtl. markieren), 1 U, 1 M rechts, 1 U, 3 M kraus rechts, 1 Rand-M.
Anschließend die 2. R (= Rück-R) arbeiten: 1 Rand-M, 3 M rechts, 7 M links, 3 M rechts, 1 Rand-M.
Nun ab der 3. R laut Strickschrift fortfahren.
Zunächst die 1.–40. R der Strickschrift 1x arbeiten, dabei die M ab der Mittel-M stets gegengleich (= gespiegelt) abstricken: aus 2 M nach rechts verzopfen wird 2 M nach links verzopfen und umgekehrt. Zum besseren Verständnis sind bis zur 9. R noch alle M gezeichnet. Nach der 40. R die 17.–40. R stets wiederholen.
Ab der 17. R ist rechts von der Mittel-M der MS rot unterlegt. Nach jeweils 24 R kommen durch die Zunahmen zu beiden Seiten der Mittel-M jeweils 2 weitere MS hinzu.
Zur Hilfestellung ist die 41.–44. R noch oben in der Strickschrift mit eingezeichnet. Diese R werden genauso gestrickt wie die 17.–20. R, nur dass rechts und links der Mittel-M der MS statt nur 1x nun 3x gestrickt wird (= blaue Flächen beidseits des ersten roten MS).
Damit sich das Tuch oben nicht einrollt, ca. 8 R bevor der BOBBEL aufgebraucht ist, in den Rück-R stets rechte M stricken (die Hin-R weiter laut Strickschrift arbeiten) und das Tuch mit einer Rück-R beenden. Danach alle M laut Workshop (Seite 17) locker abketten.

FERTIGSTELLUNG: Die 11 Anschlag-M mit dem Anfangsfaden zusammenziehen und die Fäden vernähen. Das Tuch leicht spannen, anfeuchten und trocknen lassen.

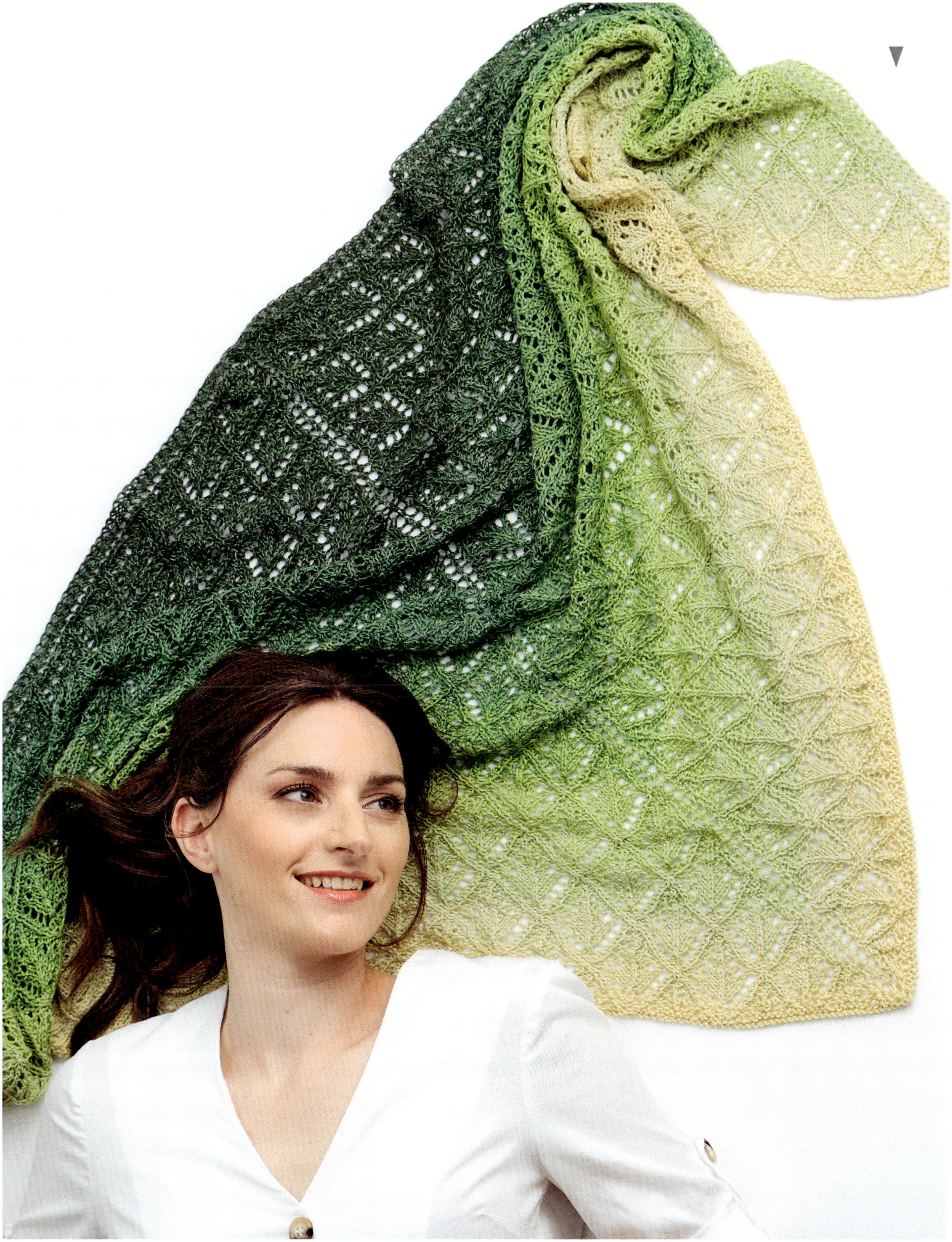

Glücksbringer

ASYMMETRISCHES TUCH

SCHWIERIGKEIT 2

GRÖSSE
ca. 160 x 90 cm

MATERIAL
Woolly Hugs BOBBEL MERINO MIX (50 % Schurwolle, 50 % Polyacryl, LL ca. 700 m/200 g) von L&K (www.VeronikaHug.com):
1 BOBBEL in Wunschfarbe (Original in Farbe Nr. 701)
1 lange Rundstricknadel 3,5–4,5 mm

MUSTER
Ajourmuster: Laut Strickschrift arbeiten. Es sind nur die Hin-R gezeichnet. In den Rück-R die M stricken, wie sie erscheinen, U links stricken, kraus rechts gestrickte M rechts stricken.

MASCHENPROBE
17 M und 26 R = 10 x 10 cm

STRICKSCHRIFT
Seite 77

ANLEITUNG

An der seitlichen Spitze beginnend 5 M anschlagen und 1 Rück-R linke M stricken.
Dann mit der 1. R (= Hin-R) der Strickschrift beginnen: 1 Rand-M, 1 M kraus rechts (= rechts stricken), 1 U, 1 M rechts, 1 U, 1 M kraus rechts, 1 Rand-M.
Anschließend die 2. R (= Rück-R) arbeiten: 1 Rand-M, 1 M rechts, 3 M links, 1 M rechts, 1 Rand-M.
Nun ab der 3. R laut Strickschrift fortfahren.
Zunächst die 1.–60. R der Strickschrift 1x arbeiten. Danach die 13.–60. R stets wiederholen.
Ab der 13. R ist der MS rot unterlegt. Nach jeweils 12 R kommt durch die Zunahmen 1 weiterer MS hinzu.

Zur Hilfestellung ist die 61.–64. R noch oben in der Strickschrift mit eingezeichnet. Diese R werden genauso gestrickt wie die 13.–16. R, nur dass der MS statt nur 1x nun 5x gestrickt wird (= blaue und rote Flächen rechts vom ersten roten MS).
Damit sich das Tuch oben nicht einrollt, ca. 8 R bevor der BOBBEL aufgebraucht ist, in den Rück-R stets rechte M stricken (die Hin-R weiter laut Strickschrift arbeiten) und das Tuch mit einer Rück-R beenden. Danach alle M laut Workshop (Seite 17) locker abketten.

FERTIGSTELLUNG: Die Fäden vernähen. Das Tuch leicht spannen, anfeuchten und trocknen lassen.

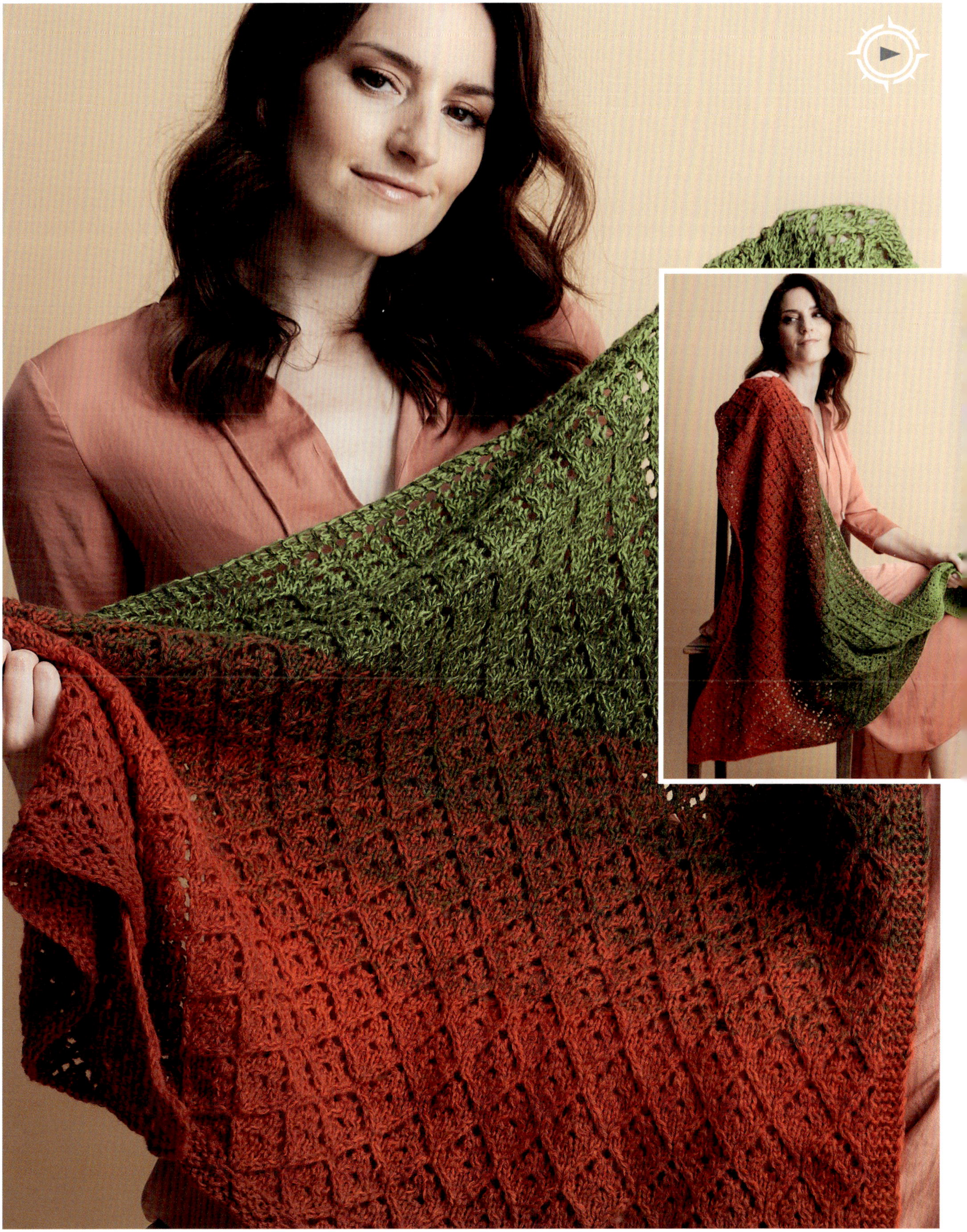

Glücksbringer

TUCH AB OBERER MITTE

SCHWIERIGKEIT 3

GRÖSSE

ca. 190 x 95 cm

MATERIAL

Woolly Hugs YEAR SOCKS (75 % Schurwolle, 25 % Polyamid, LL ca. 400 m/100 g) von L&K (www.VeronikaHug.com):

300 g in Wunschfarbe (Original in Farbe Nr. 10)

1 lange Rundstricknadel 3,0–4,0 mm

1 Maschenmarkierer

MUSTER

Ajourmuster: Laut Strickschrift arbeiten. Es sind nur die Hin-R gezeichnet. In den Rück-R die M und U links stricken, folgen 2 U aufeinander, den 1. U links, den 2. rechts verschränkt abstricken, kraus rechts gestrickte M rechts stricken.

MASCHENPROBE

22 M und 32 R = 10 x 10 cm

STRICKSCHRIFT

Vorlagenbogen A

ANLEITUNG

An der oberen Mitte beginnend 10 M anschlagen und 1 Rück-R linke M stricken.
Dann mit der 1. R (= Hin-R) der Strickschrift beginnen: 1 Rand-M, 3 M kraus rechts (= rechts stricken), 1 U, 1 M rechts, 1 U (= Mittel-M, diese evtl. markieren), 1 M rechts, 1 U, 3 M kraus rechts, 1 Rand-M.
Anschließend die 2. R (= Rück-R) arbeiten: 1 Rand-M, 3 M rechts, 5 M links, 3 M rechts, 1 Rand-M.
Nun ab der 3. R laut Strickschrift fortfahren.
Zunächst die 1.–56. R der Strickschrift 1x arbeiten, dabei die M ab der Mittel-M stets gegengleich (= gespiegelt) abstricken: aus 2 M rechts zusammenstricken wird 1 einfacher Überzug und umgekehrt. Zum besseren Verständnis sind bis zur 7. R noch alle M gezeichnet. Nach 56 R die 9.–56. R stets wiederholen.
Ab der 9. R ist rechts der Mittel-M der MS rot unterlegt. Nach jeweils 12 R kommen durch die Zunahmen zu beiden Seiten der Mittel-M jeweils 2 weitere MS hinzu.
Zur Hilfestellung ist die 57.–60. R noch oben in der Strickschrift mit eingezeichnet. Diese R werden genauso gestrickt wie die 9.–12. R, nur dass rechts und links der Mittel-M der MS jeweils statt nur 1x nun 9x gestrickt wird (= blaue und rote Flächen beiseits des ersten roten MS).
Das Tuch bis zur Wunschgröße arbeiten, dann für die Abschlussblende mit 8 R kraus rechts enden und anschließend die M laut Workshop (Seite 17) locker abketten.

FERTIGSTELLUNG: Die 10 Anschlag-M mit dem Anfangsfaden zusammenziehen und die Fäden vernähen. Das Tuch leicht spannen, anfeuchten und trocknen lassen.

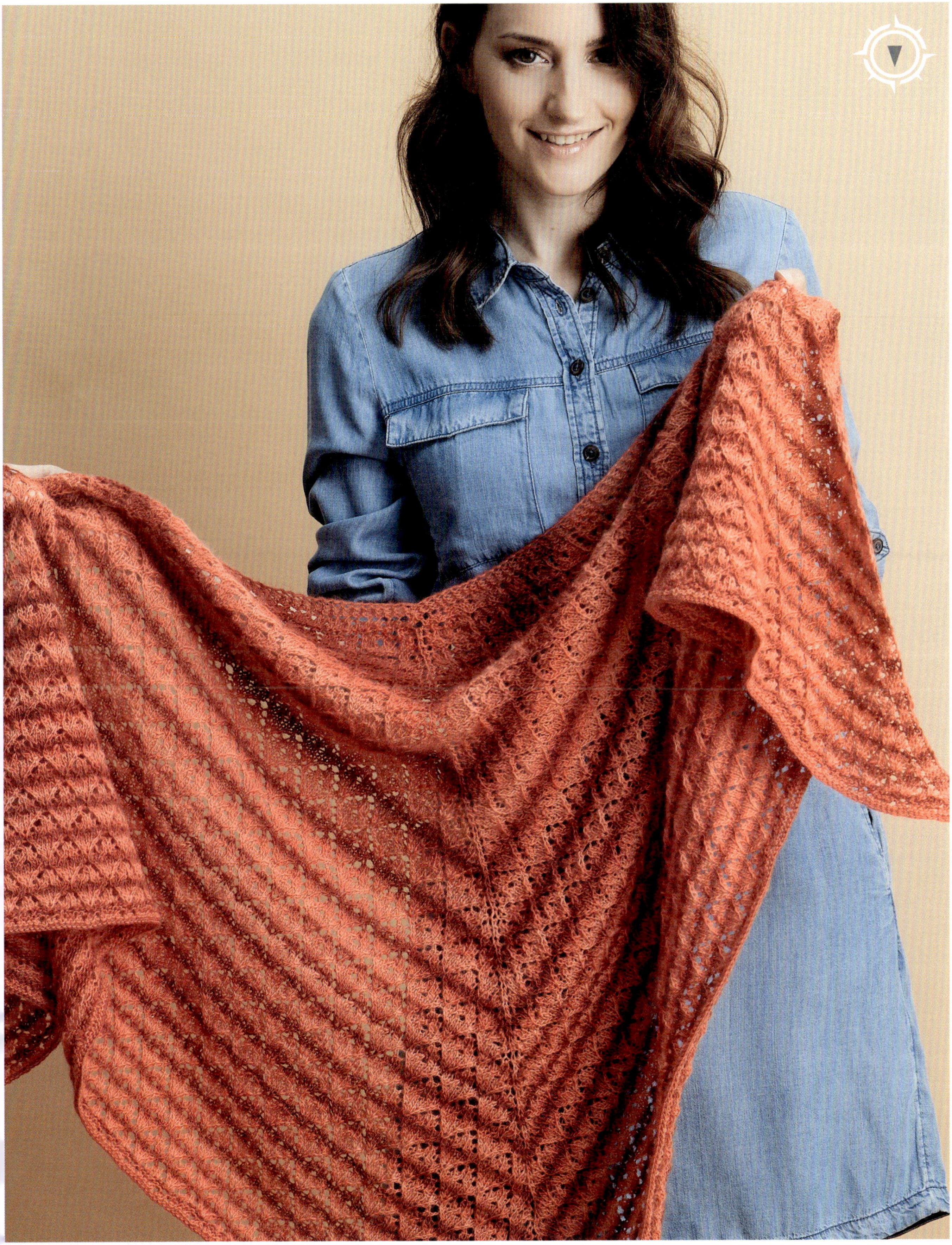

Musterlinien
STOLA

SCHWIERIGKEIT 1

GRÖSSE
ca. 170 x 50 cm

MATERIAL
Woolly Hugs BOBBEL COTTON (50 % Baumwolle, 50 % Polyacryl, LL ca. 800 m/200 g) von L&K (www.VeronikaHug.com): 1 BOBBEL in Wunschfarbe (Original in Farbe Nr. 03)

Stricknadeln Nr. 3,0–4,0

1 Maschenmarkierer

MUSTER
Ajourmuster: Laut Strickschrift arbeiten. Die M-Zahl muss durch 28 teilbar sein, plus 1 Mittel-M, plus rechts und links je 5 M für die Randblende. Es sind nur die Hin-R gezeichnet. In den Rück-R die M stricken, wie sie erscheinen, U links stricken. Rechts verschränkte M in den Rück-R links verschränkt stricken. Die rot unterlegten M bilden den MS A bzw. den MS B.

MASCHENPROBE
18 M und 26 R = 10 x 10 cm

STRICKSCHRIFT
Seite 73

ANLEITUNG

123 M anschlagen und wie folgt im Ajourmuster stricken: Mit den 5 M vor dem MS A beginnen, den MS A insgesamt 4x arbeiten, dann die Mittel-M 1x stricken (evtl. markieren), danach den MS B 4x arbeiten, enden mit den 5 M nach dem MS B.
Die 1.–22. R 1x stricken. Danach die 11.–22. R stets wiederholen.

In Wunschlänge bzw. kurz bevor der BOBBEL aufgebraucht ist, nach einer 22. R der Strickschrift mit der 23.–32. R enden. Anschließend alle M laut Workshop (Seite 17) locker abketten, wie sie erscheinen.

FERTIGSTELLUNG: Die Fäden vernähen. Das Tuch leicht spannen, anfeuchten und trocknen lassen.

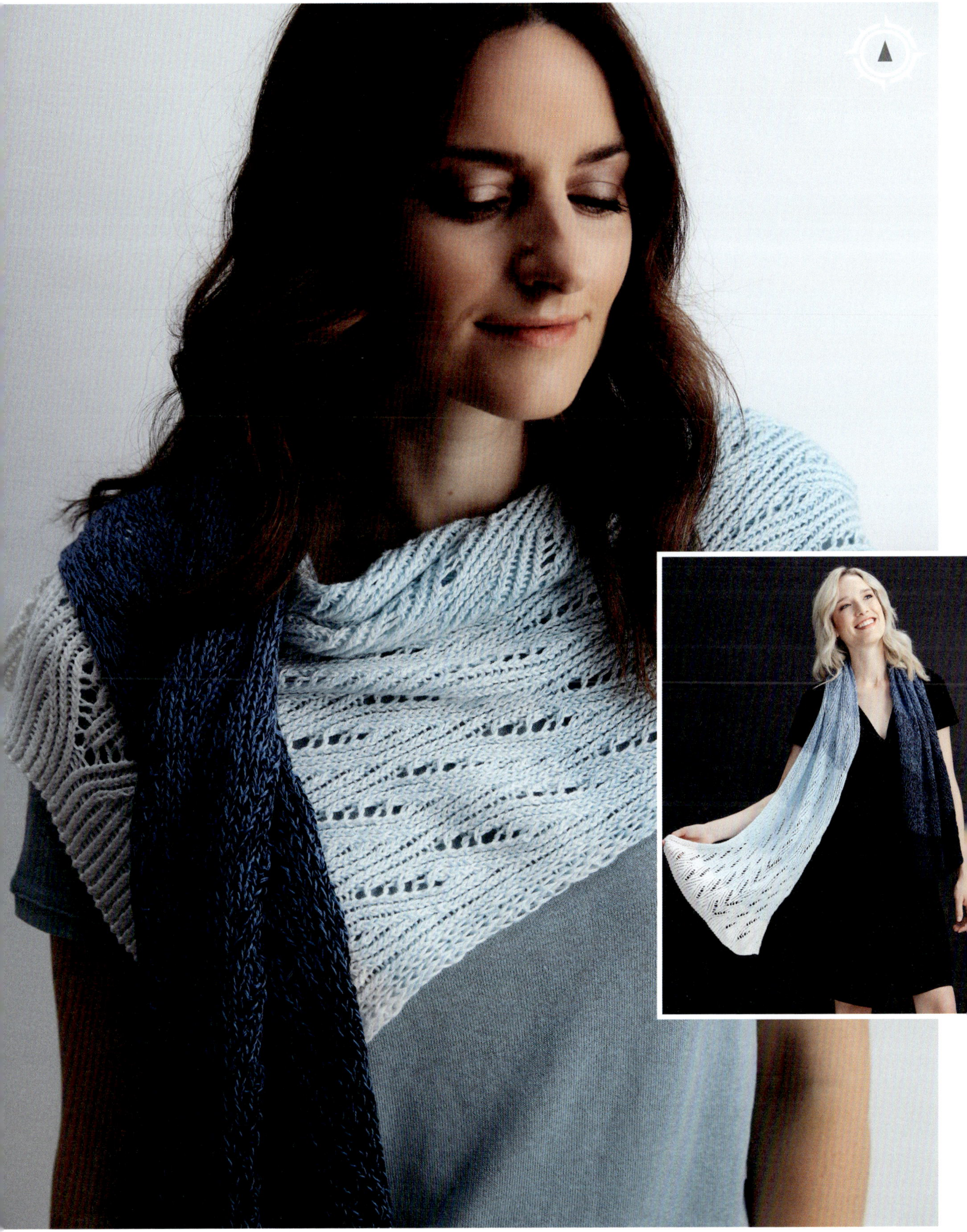

Musterlinien

ASYMMETRISCHES TUCH

SCHWIERIGKEIT 2

GRÖSSE
ca. 170 x 95 cm

MATERIAL
Woolly Hugs BOBBEL COTTON (50 % Baumwolle, 50 % Polyacryl, LL ca. 800 m/200 g) von L&K (www.VeronikaHug.com): 1 BOBBEL in Wunschfarbe (Original in Farbe Nr. 06)
1 lange Rundstricknadel 3,0–4,0 mm

MUSTER
Ajourmuster: Laut Strickschrift arbeiten. Es sind nur die Hin-R gezeichnet. In den Rück-R die M stricken, wie sie erscheinen, U links stricken. Rechts verschränkte M in den Rück-R links verschränkt stricken.

MASCHENPROBE
22 M und 32 R = 10 x 10 cm

STRICKSCHRIFT
Seite 78

ANLEITUNG

An der seitlichen Spitze beginnend 4 M anschlagen und 1 Rück-R linke M stricken.
Dann mit der 1. R (= Hin-R) der Strickschrift beginnen: 1 Rand-M, 1 U, 1 Patent-M (= 1 M mit 1 U wie zum Linksstricken abheben), 1 U, 1 Patent-M, 1 U, 1 Rand-M.
Anschließend die 2. R (= Rück-R) arbeiten: 1 Rand-M, 1 M links, die Patent-M mit dem U zusammen links abstricken, 1 M links, die Patent-M mit dem U zusammen links abstricken, 1 M links, 1 Rand-M.
Nun ab der 3. R laut Strickschrift fortfahren.
Zunächst die 1.–62. R der Strickschrift 1x arbeiten. Danach die 27.–62. R stets wiederholen.
Ab der 27. R ist der MS rot unterlegt. Nach jeweils 18 R kommt durch die Zunahmen 1 weiterer MS hinzu.
Zur Hilfestellung ist die 63.–66. R noch oben in der Strickschrift mit eingezeichnet. Diese R werden genauso gestrickt wie die 27.–30. R, nur dass der MS statt nur 1x nun 3x gestrickt wird (= blaue und rote Flächen rechts vom ersten roten MS).
Kurz bevor der BOBBEL aufgebraucht ist, das Tuch mit einer Rück-R enden. Danach alle M laut Workshop (Seite 17) locker abketten.

FERTIGSTELLUNG: Die Fäden vernähen. Das Tuch leicht spannen, anfeuchten und trocknen lassen.

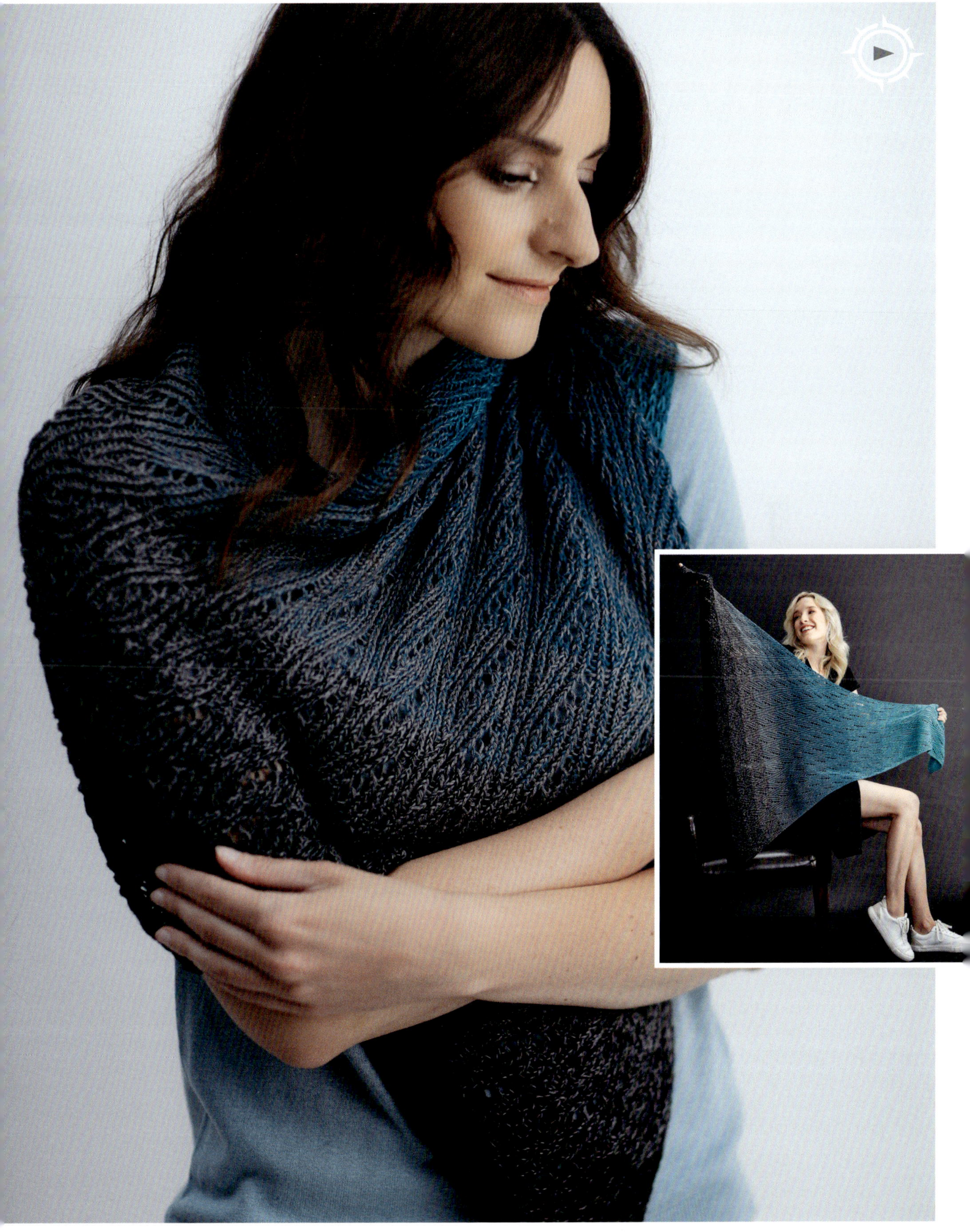

Musterlinien

TUCH AB UNTERER SPITZE

SCHWIERIGKEIT 2

GRÖSSE
ca. 200 x 100 cm

MATERIAL
Woolly Hugs BOBBEL COTTON (50 % Baumwolle, 50 % Polyacryl, LL ca. 800 m/200 g) von L&K (www.VeronikaHug.com): 1 BOBBEL in Wunschfarbe (Original in Farbe Nr. 01)

1 lange Rundstricknadel 3,0–4,0 mm

1 Maschenmarkierer

MUSTER
Ajourmuster: Laut Strickschrift arbeiten. Es sind nur die Hin-R gezeichnet. In den Rück-R die M stricken, wie sie erscheinen, U links stricken, kraus rechts gestrickte M rechts stricken.

MASCHENPROBE
22 M und 32 R = 10 x 10 cm

STRICKSCHRIFT
Vorlagenbogen B

ANLEITUNG

An der unteren Spitze beginnend 3 M anschlagen und 1 Rück-R linke M stricken.
Dann mit der 1. R (= Hin-R) der Strickschrift beginnen: 1 Rand-M, 1 U, 1 linke M (= grün unterlegte Mittel-M, evtl. markieren), 1 U, 1 Rand-M.
Anschließend die 2. R (= Rück-R) arbeiten: 1 Rand-M, 1 M links, 1 M rechts, 1 M links, 1 Rand-M.
Nun ab der 3. R laut Strickschrift fortfahren.
Zunächst die 1.–64. R der Strickschrift 1x arbeiten, dabei die M ab der Mittel-M stets gegengleich (= gespiegelt) abstricken: aus 2 M rechts zusammenstricken wird 1 einfacher Überzug und umgekehrt. Zum besseren Verständnis sind bis zur 32. R noch alle M gezeichnet. Nach der 64. R die 29.–64. R stets wiederholen.
Ab der 29. R ist rechts und links der Mittel-M der MS rot unterlegt. Nach jeweils 18 R kommt durch die Zunahmen zu beiden Seiten der Mittel-M jeweils 1 weiterer MS hinzu.
Zur Hilfestellung ist die 65. und 66. R noch oben in der Strickschrift mit eingezeichnet. Diese R werden genauso gestrickt wie die 29. und 30. R, nur dass der MS statt nur 2x nun 6x gestrickt wird (= blaue und rote Flächen rechts vom ersten roten MS).
Kurz bevor der BOBBEL aufgebraucht ist, das Tuch mit einer Rück-R beenden. Danach alle M laut Workshop (Seite 17) locker abketten.

FERTIGSTELLUNG: Die Fäden vernähen. Das Tuch leicht spannen, anfeuchten und trocknen lassen.

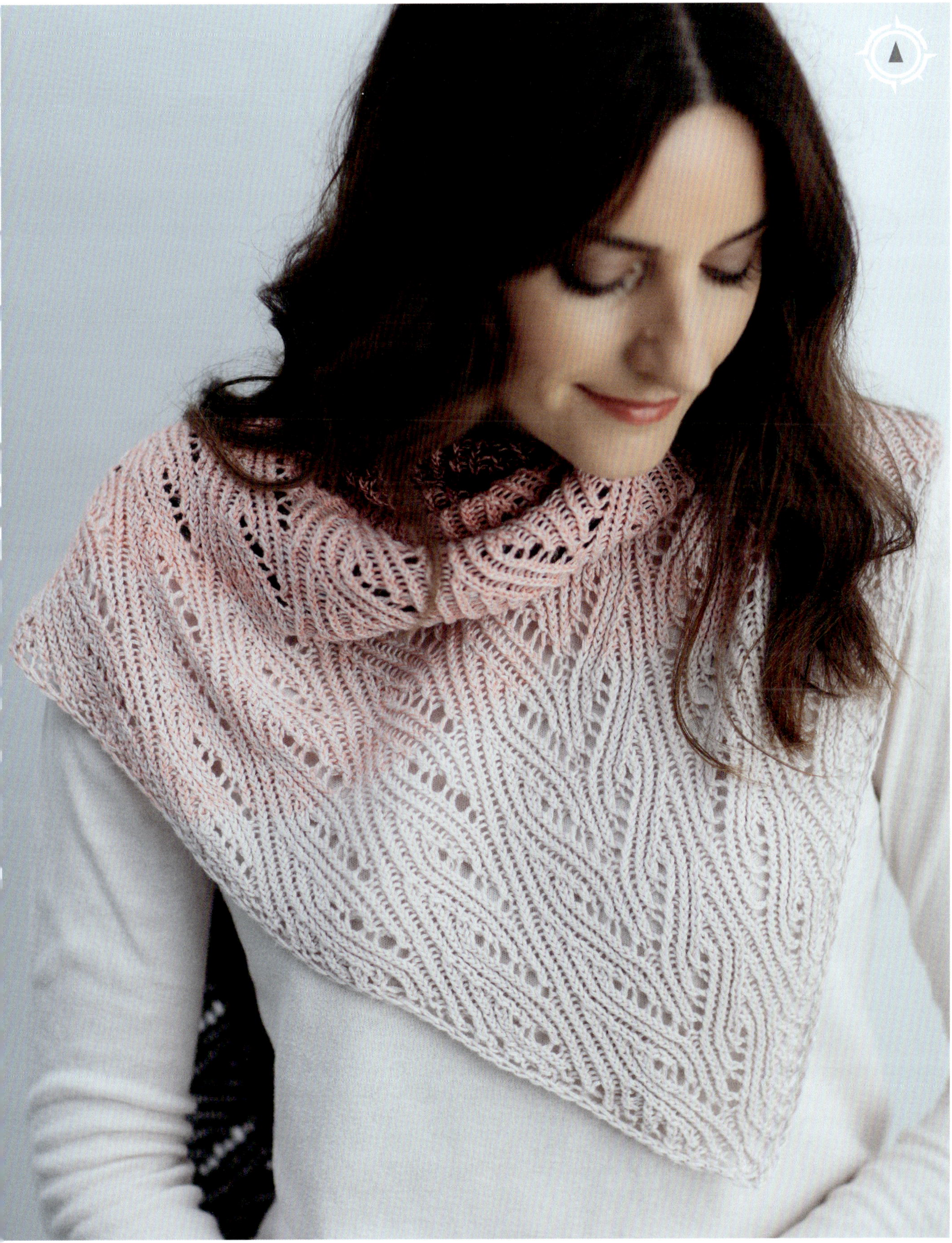

Musterlinien

TUCH AB OBERER MITTE

SCHWIERIGKEIT 3

GRÖSSE

ca. 170 x 85 cm

MATERIAL

Woolly Hugs BOBBEL COTTON (50 % Baumwolle, 50 % Polyacryl, LL ca. 800 m/200 g) von L&K (www.VeronikaHug.com):
1 BOBBEL in Wunschfarbe (Original in Farbe Nr. 09)
1 lange Rundstricknadel 3,0–4,0 mm
1 Maschenmarkierer

MUSTER

Ajourmuster: Laut Strickschrift arbeiten. Es sind nur die Hin-R gezeichnet. In den Rück-R die M stricken, wie sie erscheinen, U links stricken. Rechts verschränkte M in den Rück-R links verschränkt stricken.

MASCHENPROBE

22 M und 32 R = 10 x 10 cm

STRICKSCHRIFT

Vorlagenbogen A

ANLEITUNG

An der oberen Mitte beginnend 5 M anschlagen und 1 Rück-R linke M stricken.
Dann mit der 1. R (= Hin-R) der Strickschrift beginnen: 1 Rand-M, 1 U, 1 M links, 1 U, 1 M rechts verschränkt (= grün unterlegte Mittel-M, diese evtl. markieren), 1 U, 1 M links, 1 U, 1 Rand-M.
Anschließend die 2. R (= Rück-R) arbeiten: 1 Rand-M, 1 M links und 1 M rechts in Wechsel, enden mit 1 M links und 1 Rand-M.
Nun ab der 3. R laut Strickschrift fortfahren.
Zunächst die 1.–62. R der Strickschrift 1x arbeiten, dabei die M ab der Mittel-M (= grün unterlegt) stets gegengleich (= gespiegelt) abstricken: aus 2 M rechts zusammenstricken wird 1 einfacher Überzug und umgekehrt. Zum besseren Verständnis sind bis zur 18. R noch alle M gezeichnet. Nach der 62. R die 27.–62. R stets wiederholen.
Ab der 27. R sind 2 MS rot unterlegt. Jeweils nach 18 R kommt durch die Zunahmen zu beiden Seiten der Mittel-M jeweils 1 weiterer MS hinzu (= blau unterlegte Kästchen ab der 45. R). Zur Hilfestellung ist die 63.–66. R noch oben in der Strickschrift mit eingezeichnet. Diese R werden genauso gestrickt wie die 27.–30. R, nur dass rechts und links der Mittel-M die MS statt nur 2x nun 6x gestrickt wird (= rote und blaue Flächen beidseits der ersten zwei roten MS).
Kurz bevor der BOBBEL aufgebraucht ist, das Tuch mit einer Rück-R beenden. Danach alle M laut Workshop (Seite 17) locker abketten.

FERTIGSTELLUNG: Die 5 Anschlag-M mit dem Anfangsfaden zusammenziehen und die Fäden vernähen. Das Tuch leicht spannen, anfeuchten und trocknen lassen.

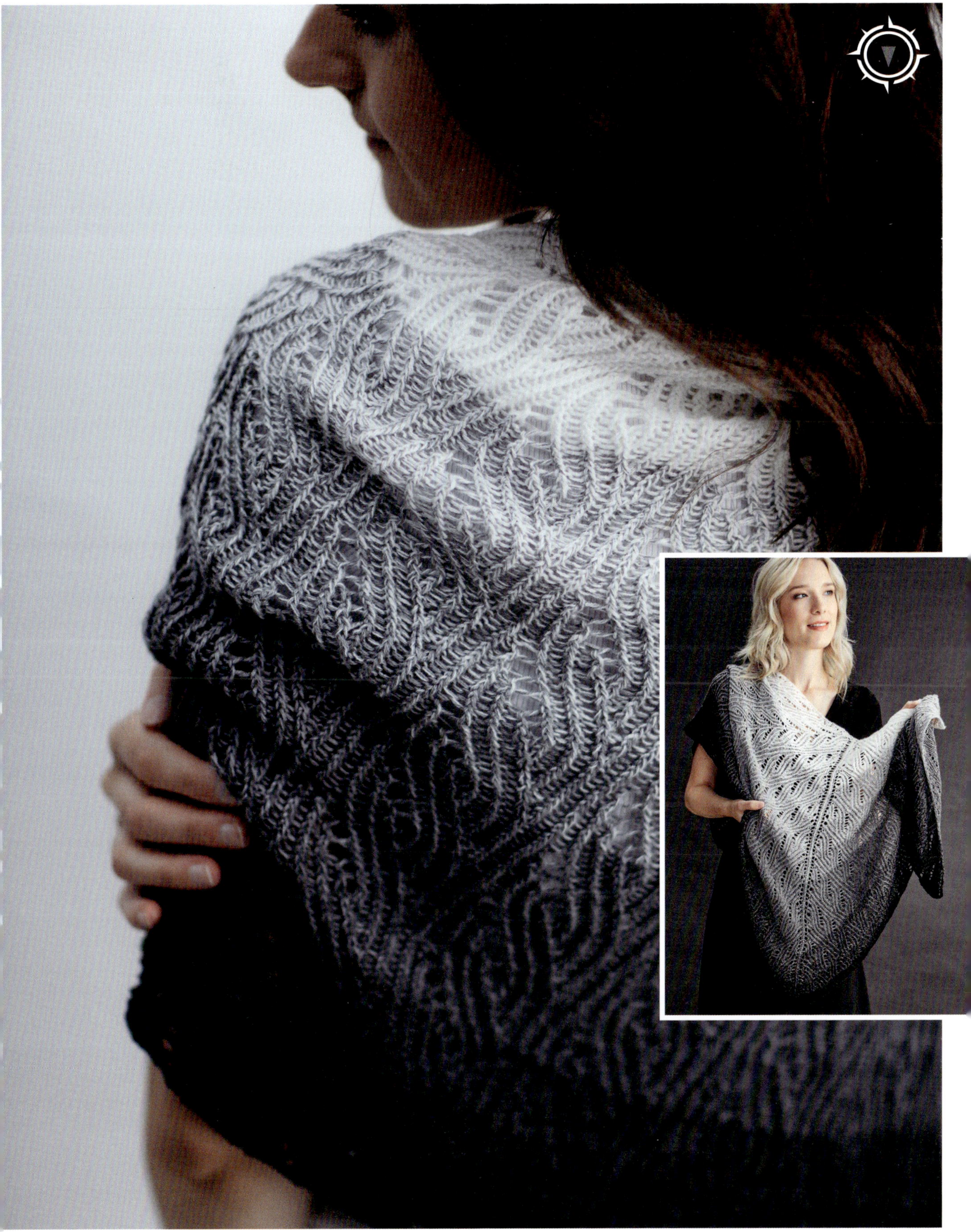

Blumenteppich
STOLA

SCHWIERIGKEIT 1

GRÖSSE
ca. 42 x 170 cm

MATERIAL
Woolly Hugs BOBBEL COTTON (50 % Baumwolle, 50 % Polyacryl, LL ca. 800 m/200 g) von L&K (www.VeronikaHug.com): 1 BOBBEL in Wunschfarbe (Original in Farbe Nr. 44)
Stricknadeln Nr. 3,0–4,0

MUSTER
Ajourmuster: Laut Strickschrift arbeiten. Die M-Zahl muss durch 8 teilbar sein, plus 1 zusätzliche Masche, damit das Muster rechts und links aufgeht, plus 8 M für die Randblenden. Es sind nur die Hin-R gezeichnet. In den Rück-R die M stricken, wie sie erscheinen, U links stricken, kraus rechts gestrickte M rechts stricken. Die rot unterlegten M bilden den MS.

MASCHENPROBE
22 M und 32 R = 10 x 10 cm

STRICKSCHRIFT
Seite 79

ANLEITUNG

97 M anschlagen und wie folgt im Ajourmuster stricken: Mit den 8 M vor dem MS beginnen, den MS 10 x arbeiten, enden mit den 9 M nach dem MS.
Die 1.–28. R 1x stricken. Danach die 9.–28. R stets wiederholen.

In Wunschlänge bzw. kurz bevor der BOBBEL aufgebraucht ist, nach einer 28. R der Strickschrift mit der 29.–46. R enden. Anschließend alle M laut Workshop (Seite 17) locker rechts abketten.

FERTIGSTELLUNG: Die Fäden vernähen. Das Tuch leicht spannen, anfeuchten und trocknen lassen.

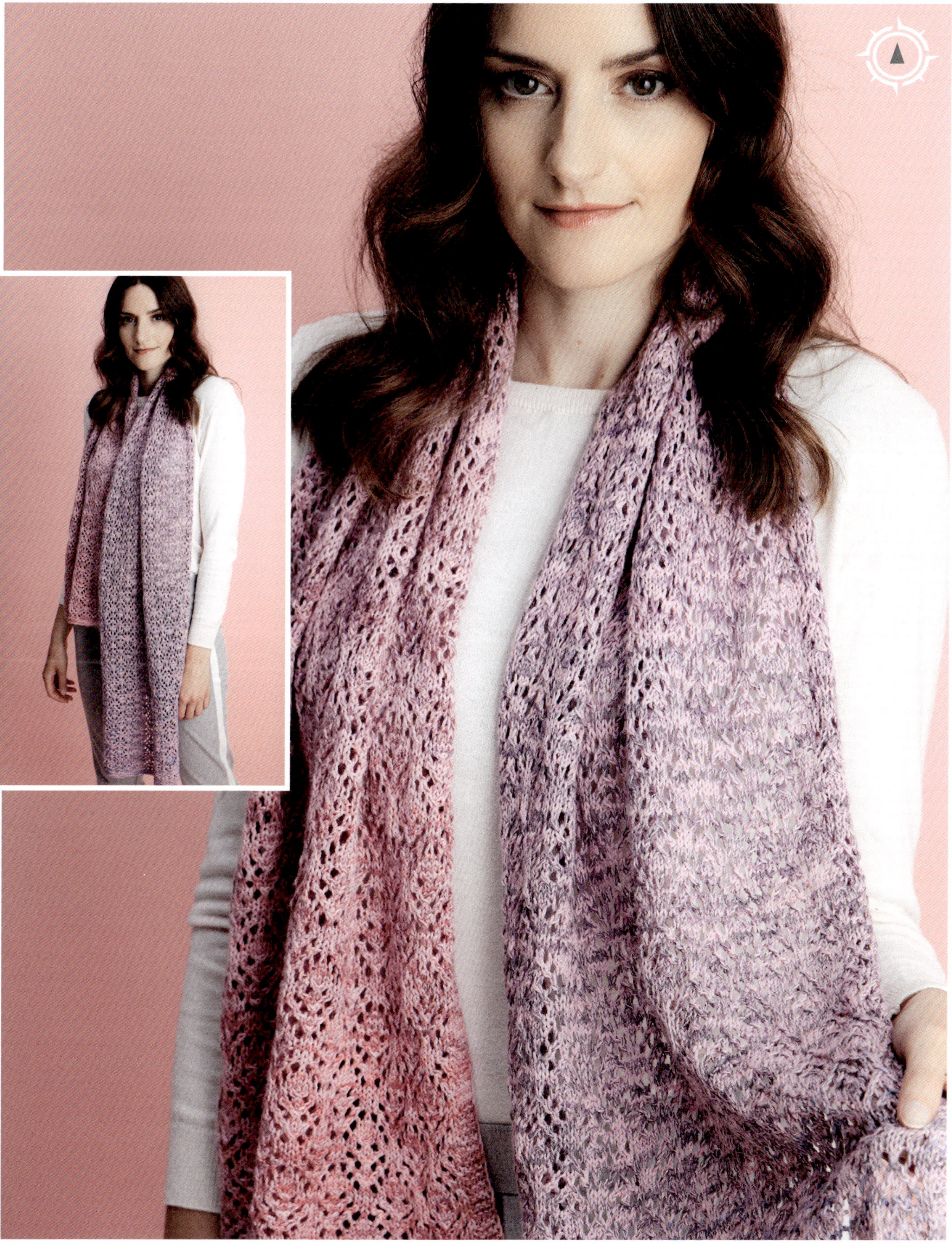

Blumenteppich

TUCH AB OBERER MITTE

SCHWIERIG-
KEIT 3

GRÖSSE
ca. 190 x 95 cm

MATERIAL
Woolly Hugs LACE (75 % Super-Kid-Mohair, 25 % Seide, LL ca. 800 m/80 g) von L&K (www.VeronikaHug.com): 1 Kone in Wunschfarbe (Original in Farbe Nr. 50)
1 lange Rundstricknadel 3,5–4,5 mm
1 Maschenmarkierer

MUSTER
Ajourmuster: Laut Strickschrift arbeiten. Es sind nur die Hin-R gezeichnet. In den Rück-R die M und U links stricken, kraus rechts gestrickte M rechts stricken.

MASCHENPROBE
18 M und 27 R = 10 x 10 cm

STRICKSCHRIFT
Vorlagenbogen B

ANLEITUNG

An der oberen Mitte beginnend 11 M anschlagen und 1 Rück-R linke M stricken.
Dann mit der 1. R (= Hin-R) der Strickschrift beginnen: 1 Rand-M, 3 M kraus rechts (= rechts stricken), 1 U, 1 M rechts, 1 U, 1 M rechts (= Mittel-M, diese evtl. markieren), 1 U, 1 M rechts, 1 U, 3 M kraus rechts, 1 Rand-M.
Anschließend die 2. R (= Rück-R) arbeiten: 1 Rand-M, 3 M rechts, 7 M links, 3 M rechts, 1 Rand-M.
Nun ab der 3. R laut Strickschrift fortfahren.
Zunächst die 1.–54. R der Strickschrift arbeiten, dabei die M ab der Mittel-M stets gegengleich (= gespiegelt) abstricken: aus 2 M rechts zusammenstricken wird 1 einfacher Überzug und umgekehrt. Zum besseren Verständnis sind bis zur 9. R noch alle M gezeichnet. Nach der 54. R die 15.–54. R stets wiederholen.
Ab der 15. R ist rechts von der Mittel-M der MS rot unterlegt. Durch die Zunahmen kommen zu beiden Seiten der Mittel-M jeweils weitere MS hinzu.
Zur Hilfestellung ist die 55.–58. R noch oben in der Strickschrift mit eingezeichnet. Diese R werden genauso gestrickt wie die 15.–18. R, nur dass rechts und links der Mittel-M der MS statt nur 1x nun 7x gestrickt wird (= blaue und rote Flächen beiseits des ersten MS).
Damit sich das Tuch oben nicht einrollt, in Wunschgröße bzw. kurz bevor die Kone aufgebraucht ist, die letzten 4 Rück-R rechte M stricken (die Hin-R weiter laut Strickschrift arbeiten). Anschließend die M laut Workshop (Seite 17) sehr locker abketten.

FERTIGSTELLUNG: Die 11 Anschlag-M mit dem Anfangsfaden zusammenziehen und die Fäden vernähen.

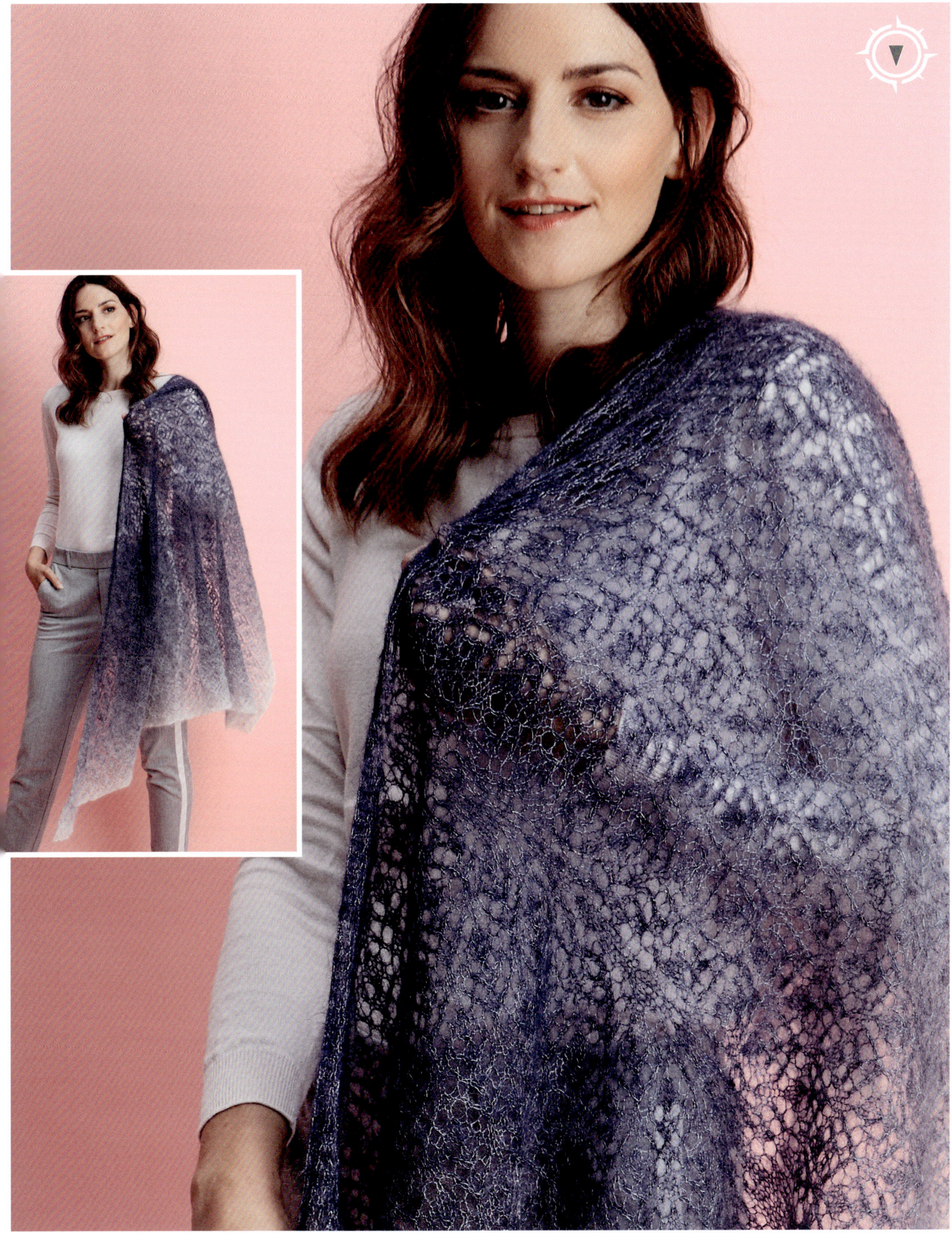

Blumenteppich

OVALES TUCH

SCHWIERIGKEIT 3

GRÖSSE
ca. 180 x 75 cm

MATERIAL
Woolly Hugs BOBBEL COTTON (50 % Baumwolle, 50 % Polyacryl, LL ca. 800 m/200 g) von L&K (www.VeronikaHug.com): 1 BOBBEL in Wunschfarbe (Original in Farbe Nr. 53)

1 kurze und 1 lange Rundstricknadel 3,0–4,0 mm

Maschenmarkierer

MUSTER
Glatt rechts in Runden: Stets rechte M stricken.

Ajourmuster: Laut Strickschrift arbeiten. Es sind alle ungeraden Rd gezeichnet. In den geraden Rd alle M und U rechts stricken. In der Strickschrift ist nur die Hälfte der M dargestellt, je Rd die gezeichneten M 1x wiederholen. Eventuell den Rd-Beginn markieren. Die Abfolge der Rd ist in der Anleitung aufgeführt.

MASCHENPROBE
22 M und 21 R = 10 x 10 cm

STRICKSCHRIFT
Vorlagenbogen B

ANLEITUNG

HINWEIS: Es wird in Rd gearbeitet, die offene Anschlagkante wird zum Schluss im Maschenstich geschlossen.

In der Mitte des Tuches beginnend 52 M anschlagen, zur Rd schließen und laut Strickschrift in Rd stricken.
Die 1.–26. Rd 1x arbeiten. Danach die 7.–26. Rd stets wiederholen.
Ab der 3. Rd ist der MS rot unterlegt. Nach jeweils 10 Rd kommen durch die Zunahmen 4 weitere MS hinzu.
Zur Hilfestellung ist die 27. und 28. Rd noch oben in der Strickschrift mit eingezeichnet. Diese Rd werden genauso gestrickt wie die 7. und 8. Rd, nur dass der MS statt nur 1x nun 9x gestrickt wird (= blaue und rote Flächen beidseits des ersten MS).
Damit sich die Kante nicht einrollt, wenn nur noch 1 Farbabschnitt vom BOBBEL übrig ist, in den folgenden geraden Rd alle M links stricken (in den ungeraden Rd weiter laut Strickschrift arbeiten). Mustergemäß weiterarbeiten, bis der BOBBEL fast aufgebraucht ist, dann alle M laut Workshop (Seite 17) locker abketten.

FERTIGSTELLUNG: Die 52 Anschlag-M gegeneinanderlegen und mit Maschenstichen schließen. Die Fäden vernähen. Das Tuch leicht spannen, anfeuchten und trocknen lassen.

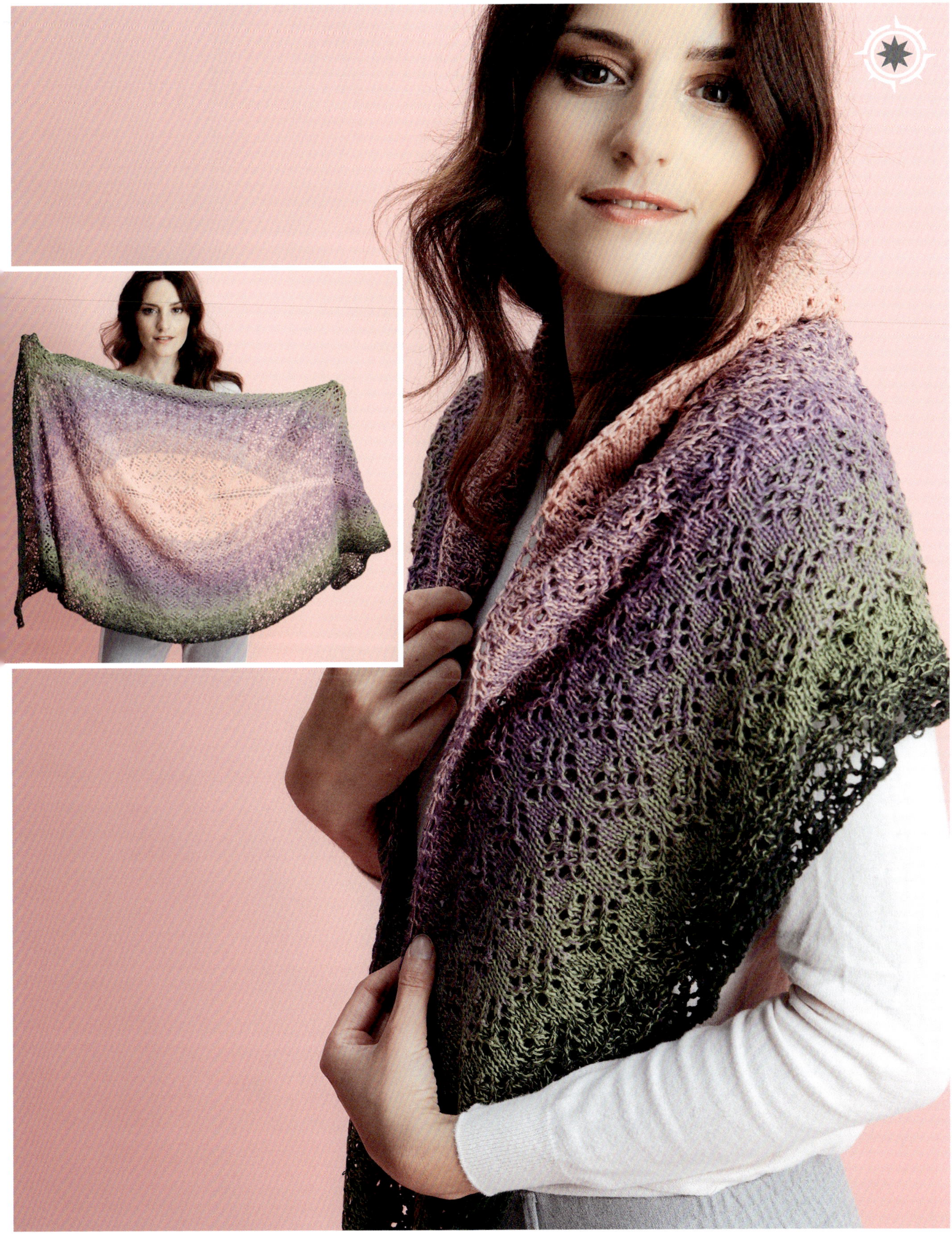

Blütenrausch

STOLA

SCHWIERIGKEIT 1

GRÖSSE
ca. 54 x 180 cm

MATERIAL
Woolly Hugs BOBBEL MERINO MIX (50 % Schurwolle, 50 % Polyacryl, LL ca. 700 m/200 g) von L&K (www.VeronikaHug.com):
1 BOBBEL in Wunschfarbe (Original in Farbe Nr. 706)
Stricknadeln Nr. 3,5–4,5

MUSTER
Ajourmuster: Laut Strickschrift arbeiten. Die M-Zahl muss durch 20 teilbar sein, plus 3 zusätzliche M, damit das Muster rechts und links aufgeht, plus 8 M für die Randblenden. Es sind nur die Hin-R gezeichnet. In den Rück-R die M stricken, wie sie erscheinen, U links stricken. Kraus rechts gestrickte M rechts stricken. Die rot unterlegten M bilden den MS.

MASCHENPROBE
17 M und 26 R = 10 x 10 cm

STRICKSCHRIFT
Seite 81

ANLEITUNG

91 M anschlagen und wie folgt im Ajourmuster stricken: Mit den 16 M vor dem MS beginnen, den MS 3x arbeiten, enden mit den 15 M nach dem MS.
Die 1.–48. R 1x arbeiten. Danach die 9.–48. R stets wiederholen.

In Wunschlänge bzw. kurz bevor der BOBBEL aufgebraucht ist, nach einer 48. R der Strickschrift mit der 49.–58. R enden. Anschließend alle M laut Workshop (Seite 17) locker rechts abketten.

FERTIGSTELLUNG: Die Fäden vernähen. Das Tuch leicht spannen, anfeuchten und trocknen lassen.

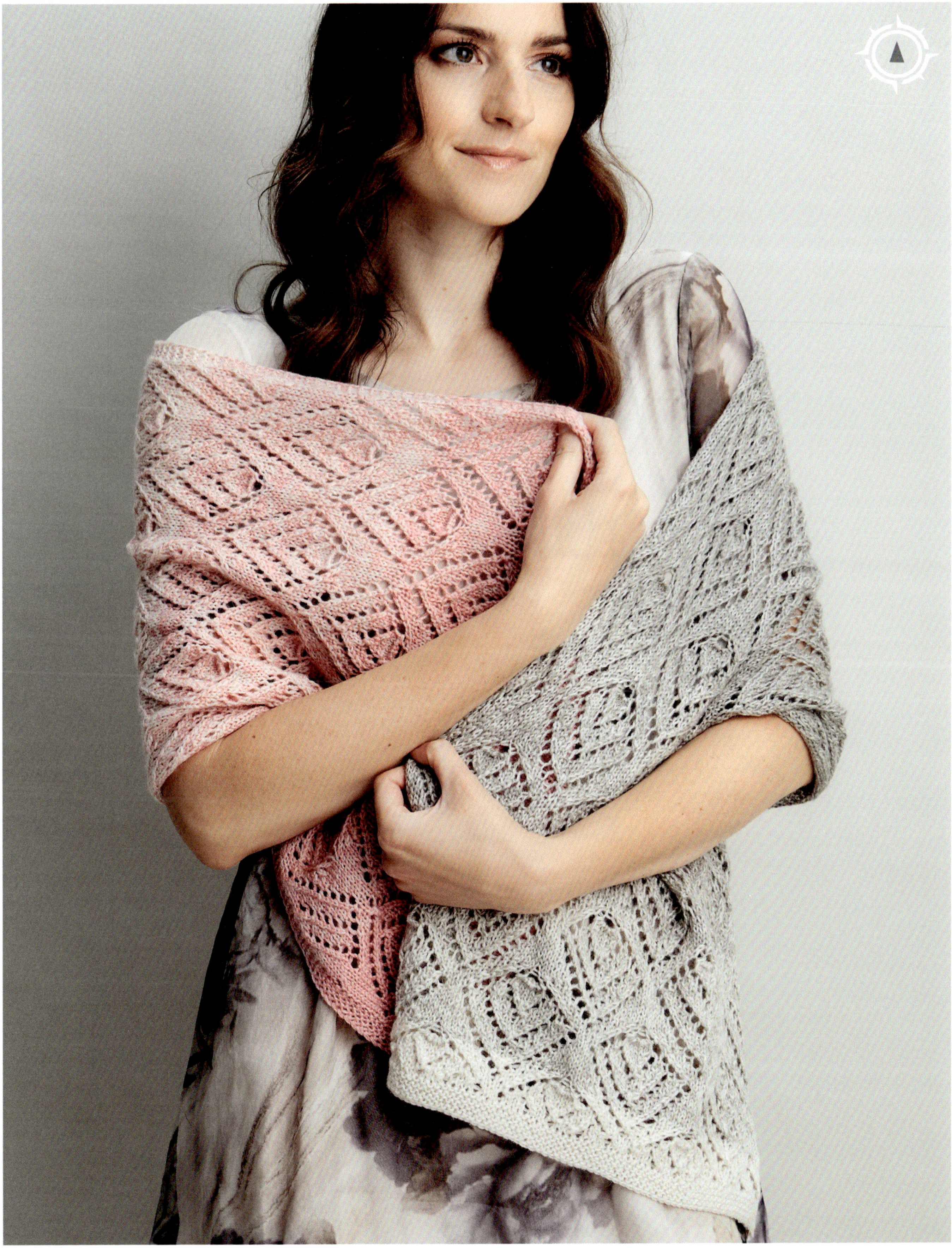

Blütenrausch

TUCH AB UNTERER SPITZE

SCHWIERIGKEIT 2

GRÖSSE
ca. 170 x 85 cm

MATERIAL
Woolly Hugs BOBBEL COTTON (50 % Baumwolle, 50 % Polyacryl, LL ca. 800 m/200 g) von L&K (www.VeronikaHug.com): 1 BOBBEL in Wunschfarbe (Original in Farbe Nr. 46)
1 lange Rundstricknadel 3,0–4,0 mm

MUSTER
Ajourmuster: Laut Strickschrift arbeiten. Es sind nur die Hin-R gezeichnet. In den Rück-R die M stricken, wie sie erscheinen, U links stricken, kraus rechts gestrickte M rechts stricken.

MASCHENPROBE
22 M und 32 R = 10 x 10 cm

STRICKSCHRIFT
Seite 84

ANLEITUNG

An der unteren Spitze beginnend 5 M anschlagen und 1 Rück-R linke M stricken.
Dann mit der 1. R (= Hin-R) der Strickschrift beginnen: 1 Rand-M, 3 M rechts (die mittlere evtl. als Mittel-M markieren), 1 Rand-M.
Anschließend die 2. R (= Rück-R) arbeiten: 1 Rand-M, 3 M rechts, 1 Rand-M.
Nun ab der 3. R laut Strickschrift fortfahren.
Zunächst die 1.–62. R der Strickschrift 1x arbeiten. Danach die 23.–62. R stets wiederholen.
Ab der 23. R ist der MS rot unterlegt. Nach jeweils 40 R kommen durch die Zunahmen 2 weitere MS hinzu.
Zur Hilfestellung ist die 63.–66. R noch oben in der Strickschrift mit eingezeichnet. Diese R werden genauso gestrickt wie die 23.–26. R, nur dass der MS statt nur 1x nun 3x gestrickt wird (= blaue Flächen beidseits des ersten roten MS).
Damit sich das Tuch oben nicht einrollt, ca. 8 R bevor der BOBBEL aufgebraucht ist, in den Rück-R stets rechte M stricken (die Hin-R weiter laut Strickschrift arbeiten) und das Tuch mit einer Rück-R beenden. Danach alle M laut Workshop (Seite 17) locker abketten.

FERTIGSTELLUNG: Die Fäden vernähen. Das Tuch leicht spannen, anfeuchten und trocknen lassen.

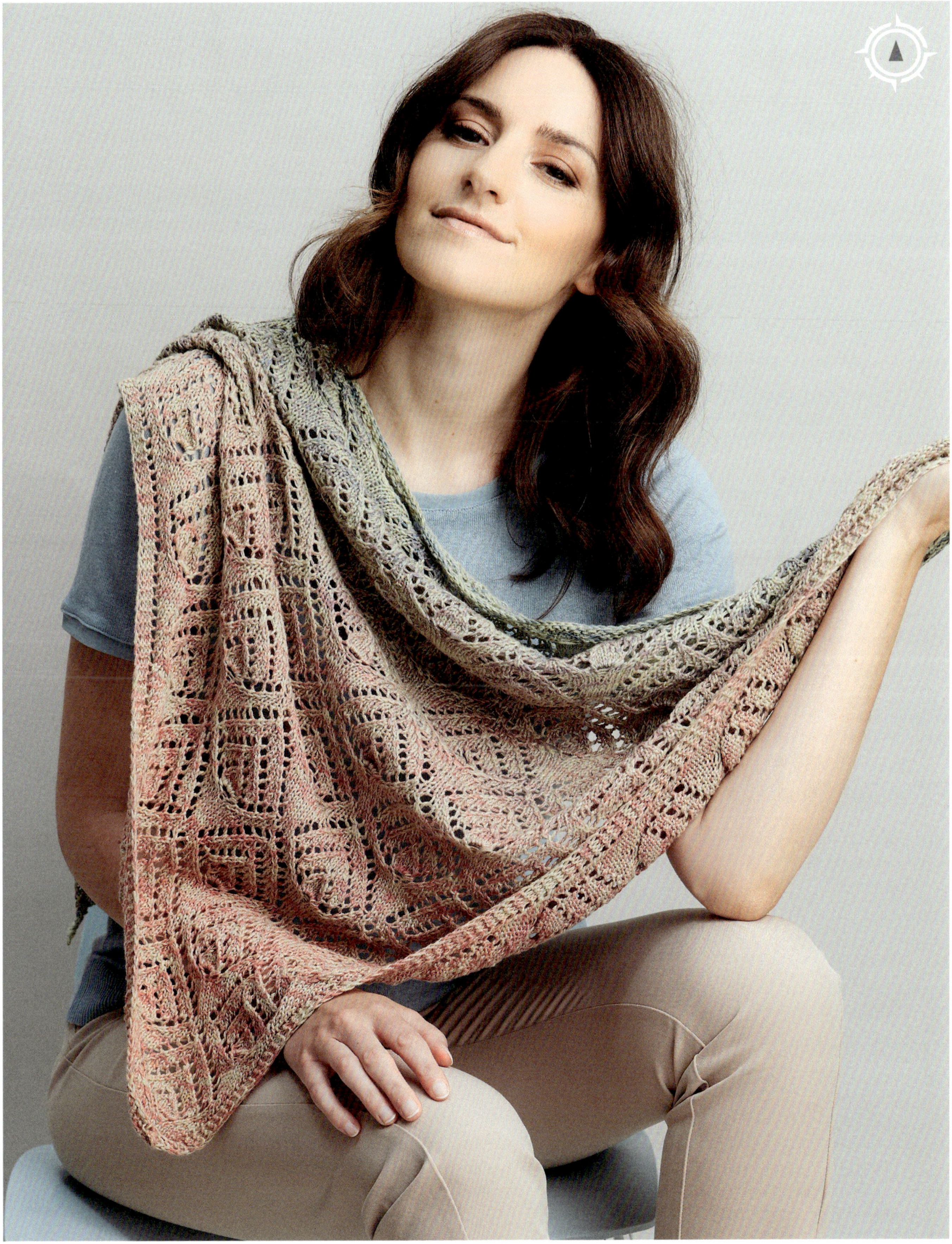

Blütenrausch

TUCH AB OBERER MITTE

SCHWIERIGKEIT 3

GRÖSSE
ca. 240 x 120 cm

MATERIAL
Woolly Hugs BOBBEL MERINO MIX (50 % Schurwolle, 50 % Polyacryl, LL ca. 700 m/200 g) von L&K (www.VeronikaHug.com): 2 BOBBEL in Wunschfarbe (Original in Farbe Nr. 703)
1 lange Rundstricknadel 3,5–4,5 mm
1 Maschenmarkierer

MUSTER
Ajourmuster: Laut Strickschrift arbeiten. Es sind nur die Hin-R gezeichnet. In den Rück-R die M stricken, wie sie erscheinen, U links stricken, kraus rechts gestrickte M rechts stricken.

MASCHENPROBE
17 M und 26 R = 10 x 10 cm

STRICKSCHRIFT
Seite 80

ANLEITUNG

HINWEIS: Den 1. BOBBEL wunschgemäß von innen oder außen beginnen, den 2. BOBBEL für einen harmonischen Farbübergang gegengleich anstricken.

An der oberen Mitte beginnend 9 M anschlagen und 1 Rück-R linke M stricken.
Dann mit der 1. R (= Hin-R) der Strickschrift beginnen: 1 Rand-M, 3 M kraus rechts (= rechts stricken), 1 U, 1 M rechts (= grüne Mittel-M, diese evtl. markieren), 1 U, 3 M kraus rechts, 1 Rand-M.
Anschließend die 2. R (= Rück-R) arbeiten: 1 Rand-M, 3 M rechts, 3 M links, 3 M rechts, 1 Rand-M.
Nun ab der 3. R laut Strickschrift fortfahren.
Zunächst die 1.–24. R der Strickschrift arbeiten. Ab der 25. R die Strickschrift vom Tuch „Blütenrausch – ab unterer Spitze" auf Seite 82 als Vorlage sinngemäß verwenden. Dabei stets die R der Strickschrift bis zu den letzten 4 Zeichen (= 3 M kraus rechts und 1 Rand-M) arbeiten, dann 1 rechte M stricken (= bisher grüne Mittel-M) und anschließend die R gegengleich beenden.
Damit sich das Tuch oben nicht einrollt, ca. 8 R vor Erreichen der Wunschgröße bzw. kurz bevor der 2. BOBBEL aufgebraucht ist, in den Rück-R stets rechte M stricken (die Hin-R weiter laut Strickschrift arbeiten) und das Tuch mit einer Rück-R beenden. Danach alle M laut Workshop (Seite 17) locker abketten.

FERTIGSTELLUNG: Die 9 Anschlag-M mit dem Anfangsfaden zusammenziehenund die Fäden vernähen. Das Tuch leicht spannen, anfeuchten und trocknen lassen.

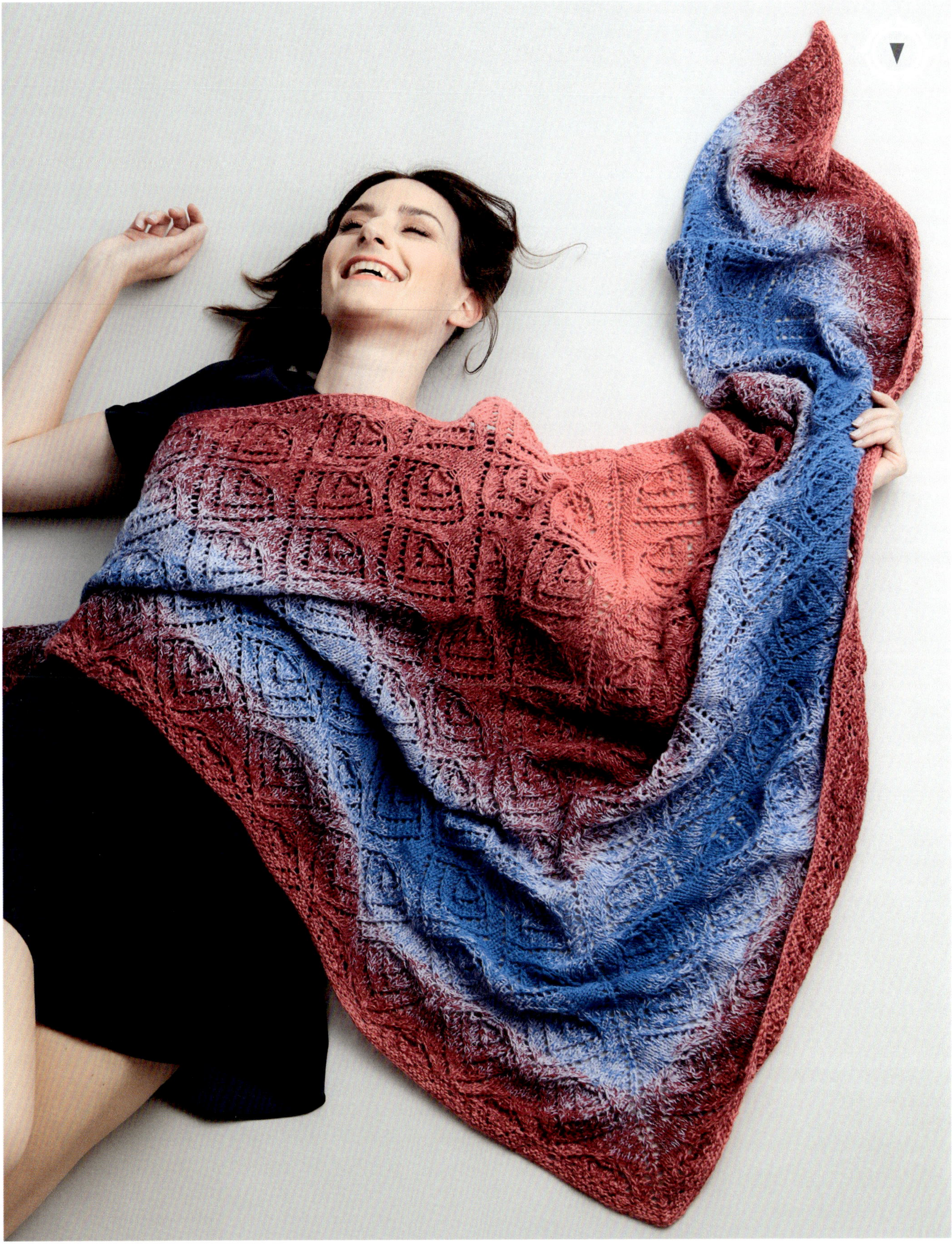

Wunderwerk
SCHAL

SCHWIERIGKEIT 1

GRÖSSE
ca. 30 x 210 cm

MATERIAL
Woolly Hugs BOBBEL COTTON (50 % Baumwolle, 50 % Polyacryl, LL ca. 800 m/200 g) von L&K (www.VeronikaHug.com): 1 BOBBEL in Wunschfarbe (Original in Farbe Nr. 51)
1 Rundstricknadel 3,0–4,0 mm

MUSTER
Ajourmuster: Laut Strickschrift arbeiten. Es sind nur die Hin-R gezeichnet. In den Rück-R die M stricken, wie sie erscheinen, U links stricken, kraus rechts gestrickte M rechts stricken. Die rot unterlegten M bilden den MS.

MASCHENPROBE
22 M und 32 R = 10 x 10 cm

STRICKSCHRIFT
Vorlagenbogen A

ANLEITUNG

An der unteren seitlichen Ecke beginnend 5 M anschlagen und 1 Rück-R linke M stricken.
Dann mit der 1. R (= Hin-R) der Strickschrift beginnen: 1 Rand-M, 1 M kraus rechts, 1 U, 1 M kraus rechts, 1 U, 1 M kraus rechts, 1 Rand-M.
Anschließend die 2. R (= Rück-R) arbeiten: 1 Rand-M, 1 M rechts, 1 M links, 1 M rechts, 1 M links, 1 M rechts, 1 Rand-M.
Nun ab der 3. R laut Strickschrift fortfahren.
Zunächst die 1.–44. R der Strickschrift 1x arbeiten. Dabei in der Breite jeweils mit den M vor dem MS beginnen, den MS stets wiederholen, enden mit den M nach dem MS. Danach die 25.–44. R so lange wiederholen, bis zwischen den seitlichen Kanten die Wunschbreite des Schals erreicht ist. (Das Original ist ca. 30 cm breit.)
Nun nach einer 44. R das Strickteil wiegen, um zu ermitteln, wie viel Garn am Ende für die gegenüberliegende Ecke des Schals benötigt wird. Die bisher verbrauchte Garnmenge notieren.
Anschließend die 45.–64. R so oft arbeiten, bis am rechten Rand die Wunschlänge des Schals erreicht ist bzw. nach einer 64. R noch genügend Garn übrig ist, um die Abschluss-Ecke fertigzustellen. Dafür die 65.–108. R arbeiten und nach der 108. R die restlichen 5 M abketten.

FERTIGSTELLUNG: Die Fäden vernähen. Das Tuch leicht spannen, anfeuchten und trocknen lassen.

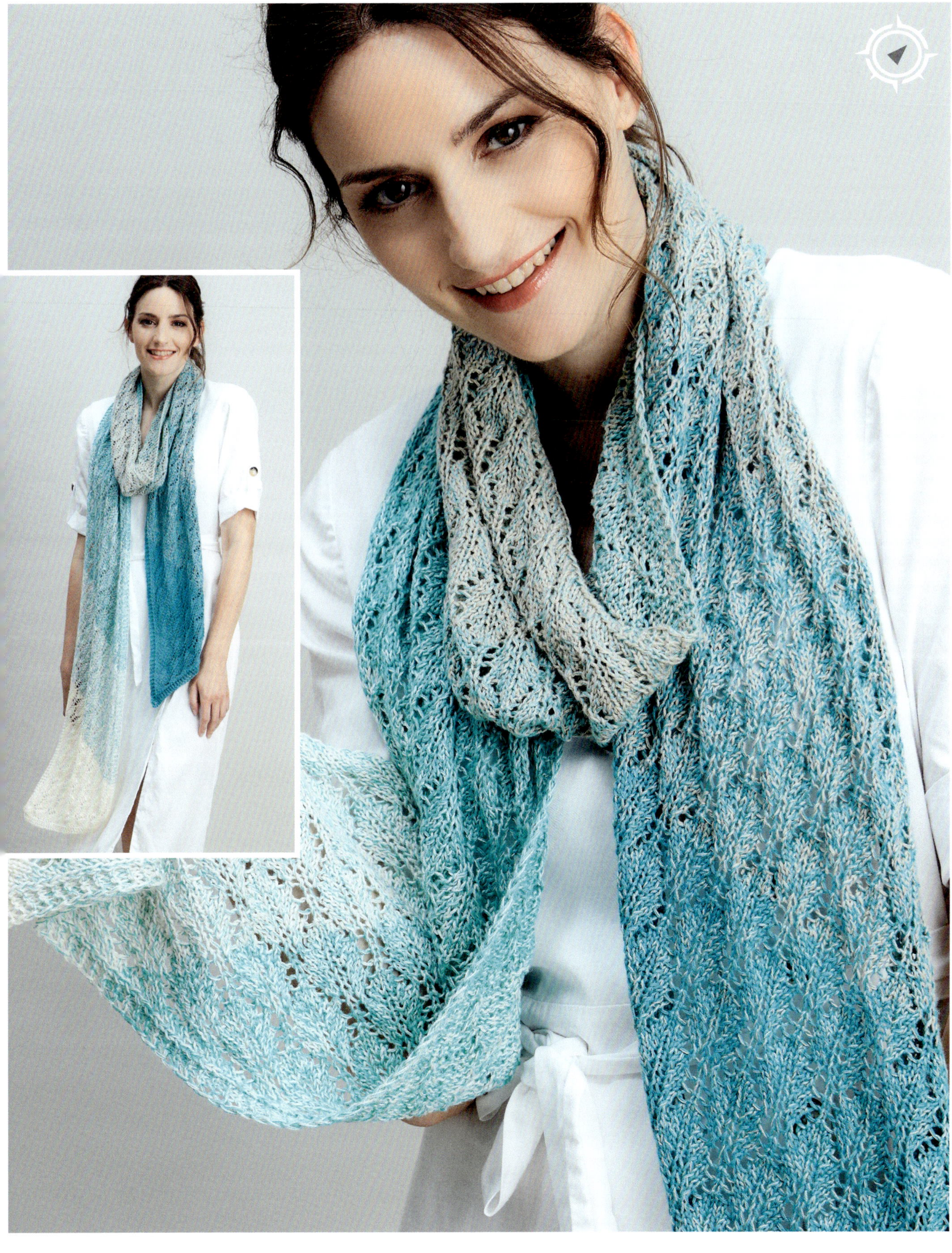

Blätterranken
STOLA

SCHWIERIGKEIT 2

GRÖSSE
ca. 50 x 190 cm

STRICKSCHRIFTEN
Seite 82 und 83

MATERIAL
Woolly Hugs CASHMERE+ (78 % Baumwolle, 14 % Polyamid, 8 % Cashmere, LL ca. 190 m/50 g): 300 g in Wunschfarbe (Original in Farbe Nr. 91)
Stricknadeln Nr. 3,5–4,5
1 Zopf- oder Hilfsnadel

MUSTER
Ajourmuster: Laut Strickschrift 1 arbeiten. Die M-Zahl muss durch 27 teilbar sein, plus 14 zusätzliche M, damit das Muster rechts und links aufgeht, plus 2 Rand-M. Es sind nur die Hin-R gezeichnet. In den Rück-R die M stricken, wie sie erscheinen, U links stricken, kraus rechts gestrickte M rechts stricken, Patent-M mit dem U links zusammenstricken. Die rot unterlegten M bilden den MS.
Für die Blätter die Strickschrift 2 einfügen. Dafür bei der Zahl 1 die 1. R der Strickschrift 2 arbeiten, bei der Zahl 3 die 3. R der Strickschrift 2 arbeiten usw.

MASCHENPROBE
14 M und 21 R = 10 x 10 cm

ANLEITUNG

70 M anschlagen und für die untere Blende zunächst 8 R kraus rechts stricken.
Danach wie folgt im Ajourmuster stricken: Mit den 8 M vor dem MS beginnen, den MS 2x arbeiten, enden mit den 8 M nach dem MS.
Die 1.–72. R 1x arbeiten. Nach 72 R ab Blende die 19.–72. R stets wiederholen.

Nach ca. 170 cm ab Blende (oder in Wunschlänge) nach einer 72. R mit der 73.–104. R (ergibt ca. 15 cm) enden. Anschließend für die obere Blende noch 8 R kraus rechts stricken, dann alle M laut Workshop (Seite 17) locker rechts abketten.

FERTIGSTELLUNG: Die Fäden vernähen. Das Tuch leicht spannen, anfeuchten und trocknen lassen.

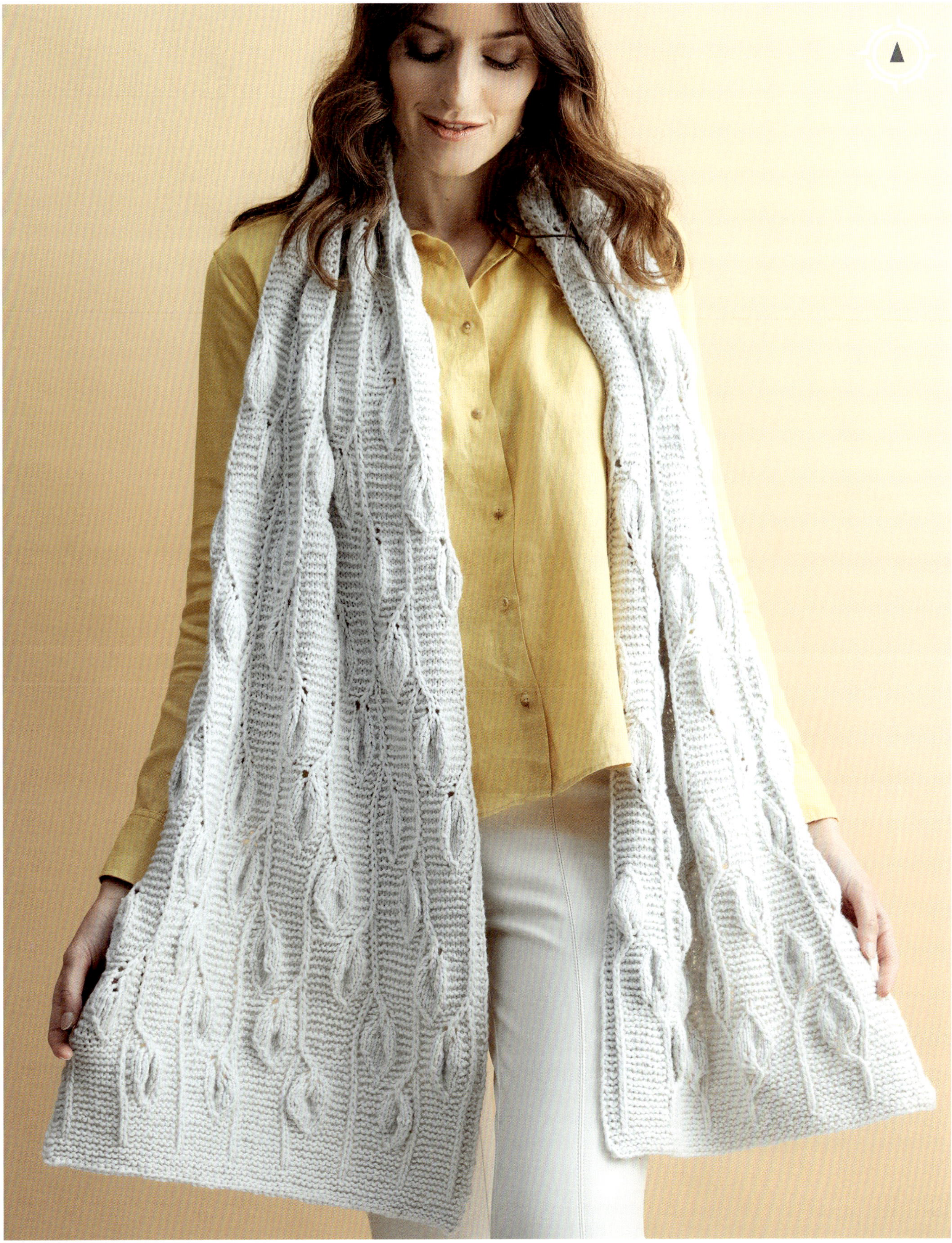

Blätterranken

TUCH AB OBERER MITTE

SCHWIERIGKEIT 3

GRÖSSE
ca. 200 x 100 cm

MATERIAL
Woolly Hugs BOBBEL COTTON (50 % Baumwolle, 50 % Polyacryl, LL ca. 800 m/200 g) von L&K (www.VeronikaHug.com): 2 BOBBEL in Wunschfarbe (Original in Farbe Nr. 54)
1 lange Rundstricknadel 3,0–4,0 mm
1 Maschenmarkierer
1 Zopf- oder Hilfsnadel

MUSTER
Ajourmuster: Laut Strickschrift 1 arbeiten. Es sind nur die Hin-R gezeichnet. In den Rück-R kraus rechts gestrickte M rechts stricken, Patent-M mit dem U links zusammenstricken. Für die Blätter die Strickschrift 2 einfügen. Dafür bei der Zahl 1 die 1. R der Strickschrift 2 arbeiten, bei der Zahl 3 die 3. R der Strickschrift 2 arbeiten usw.

MASCHENPROBE
22 M und 32 R = 10 x 10 cm

STRICKSCHRIFT
Vorlagenbogen B

ANLEITUNG

HINWEIS: Den 1. BOBBEL wunschgemäß von innen oder außen beginnen, den 2. BOBBEL für einen harmonischen Farbübergang gegengleich anstricken.

An der oberen Mitte beginnend 15 M anschlagen und 1 Rück-R linke M stricken.
Dann mit der 1. R (= Hin-R) der Strickschrift 1 beginnen: 1 Rand-M, aus 1 M 2 M herausstricken (1 M rechts und 1 M rechts verschränkt), 2 M rechts, 1 Patent-M, 2 M rechts, aus der folgenden M (= Mittel-M, diese evtl. markieren) insgesamt 3 M herausstricken (= 1 M rechts, 1 U, 1 M rechts), 2 M rechts, 1 Patent-M, 2 M rechts, aus 1 M 2 M herausstricken, 1 Rand-M.
Anschließend die 2. R (= Rück-R) arbeiten: 1 Rand-M, 4 M rechts, die Patent-M mit dem U links zusammenstricken, 7 M rechts, die Patent-M mit dem U links zusammenstricken, 4 M rechts, 1 Rand-M.
Nun ab der 3. R laut Strickschrift fortfahren.
Zunächst die 1.–136. R der Strickschrift 1x arbeiten, dabei die M ab der Mittel-M stets gegengleich (= gespiegelt) abstricken: aus 2 M rechts zusammenstricken wird 1 einfacher Überzug und umgekehrt. Zum besseren Verständnis sind bis zur 14. R noch alle M gezeichnet. Nach 136 R die 29.–136. R stets wiederholen.
Ab der 29. R ist rechts von der Mittel-M der MS rot unterlegt. Ab der 57. R kommen durch die Zunahmen weitere MS hinzu, die Zahl vor dem MS gibt an, wie oft dieser zu stricken ist.

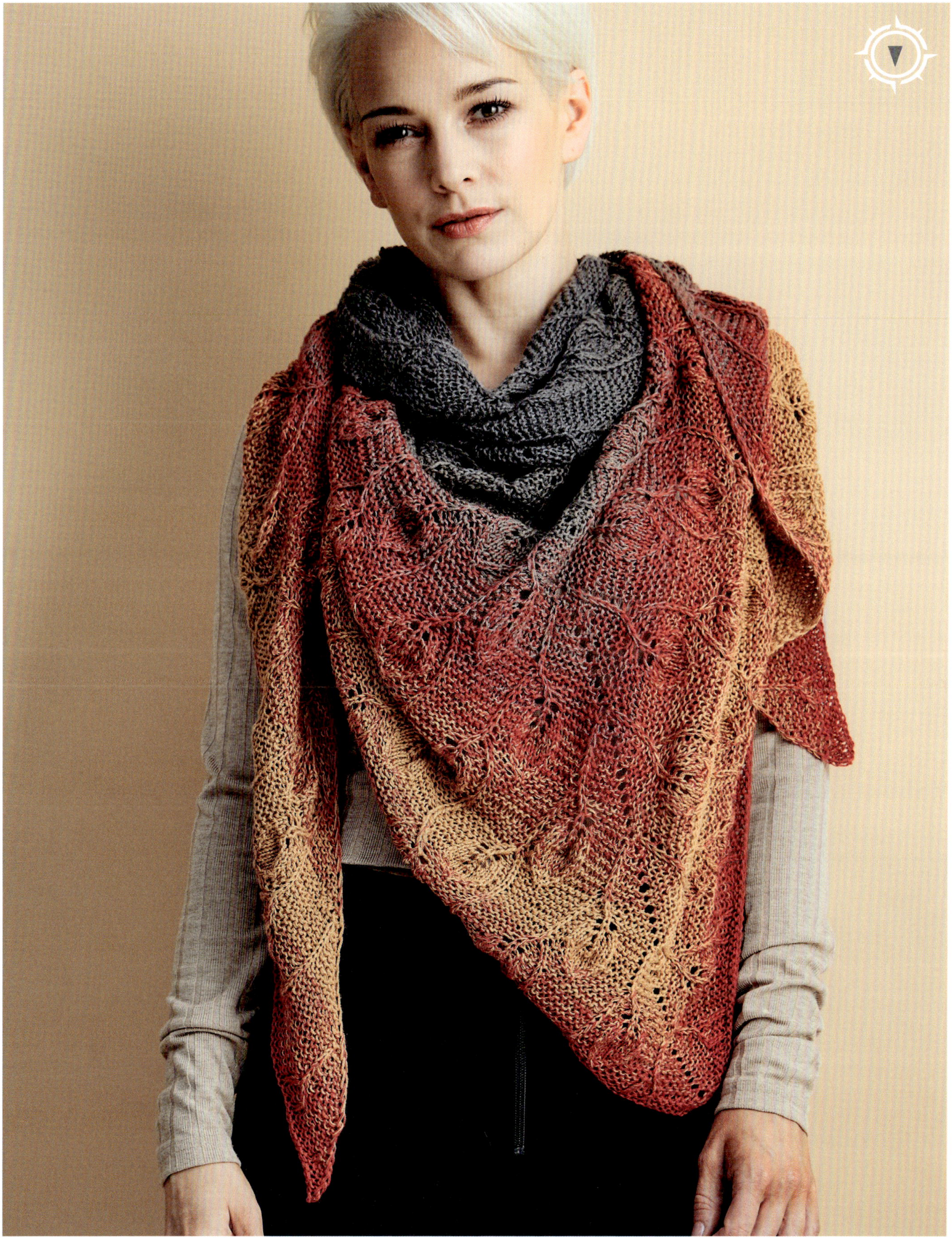

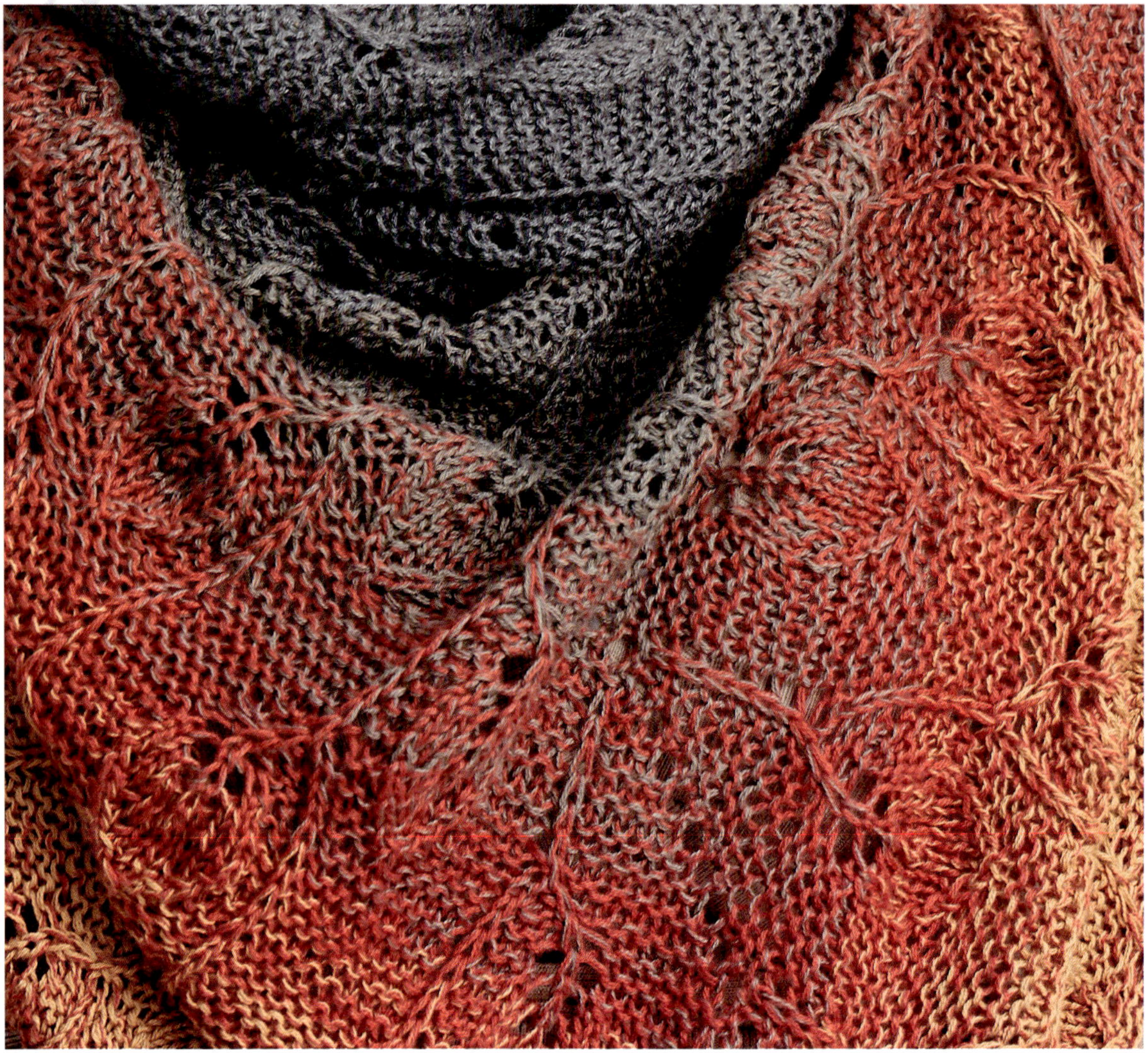

Zur Hilfestellung ist die 137.–140. R noch oben in der Strickschrift mit eingezeichnet. Diese R werden genauso gestrickt wie die 29.–32. R, nur dass rechts und links der Mittel-M der MS statt nur 1x nun 5x gestrickt wird.

Damit sich am Ende des Tuches keine unfertigen Blätter befinden, in Wunschhöhe die angefangen Blätter noch beenden, dabei die Linien der neu begonnen Blätter nur als Patent-M arbeiten und nicht mehr die Strickschrift 2 einfügen. Alle M laut Workshop (Seite 17) locker rechts abketten.

FERTIGSTELLUNG: Die 15 Anschlag-M mit dem Anfangsfaden zusammenziehen und die Fäden vernähen. Das Tuch leicht spannen, anfeuchten und trocknen lassen.

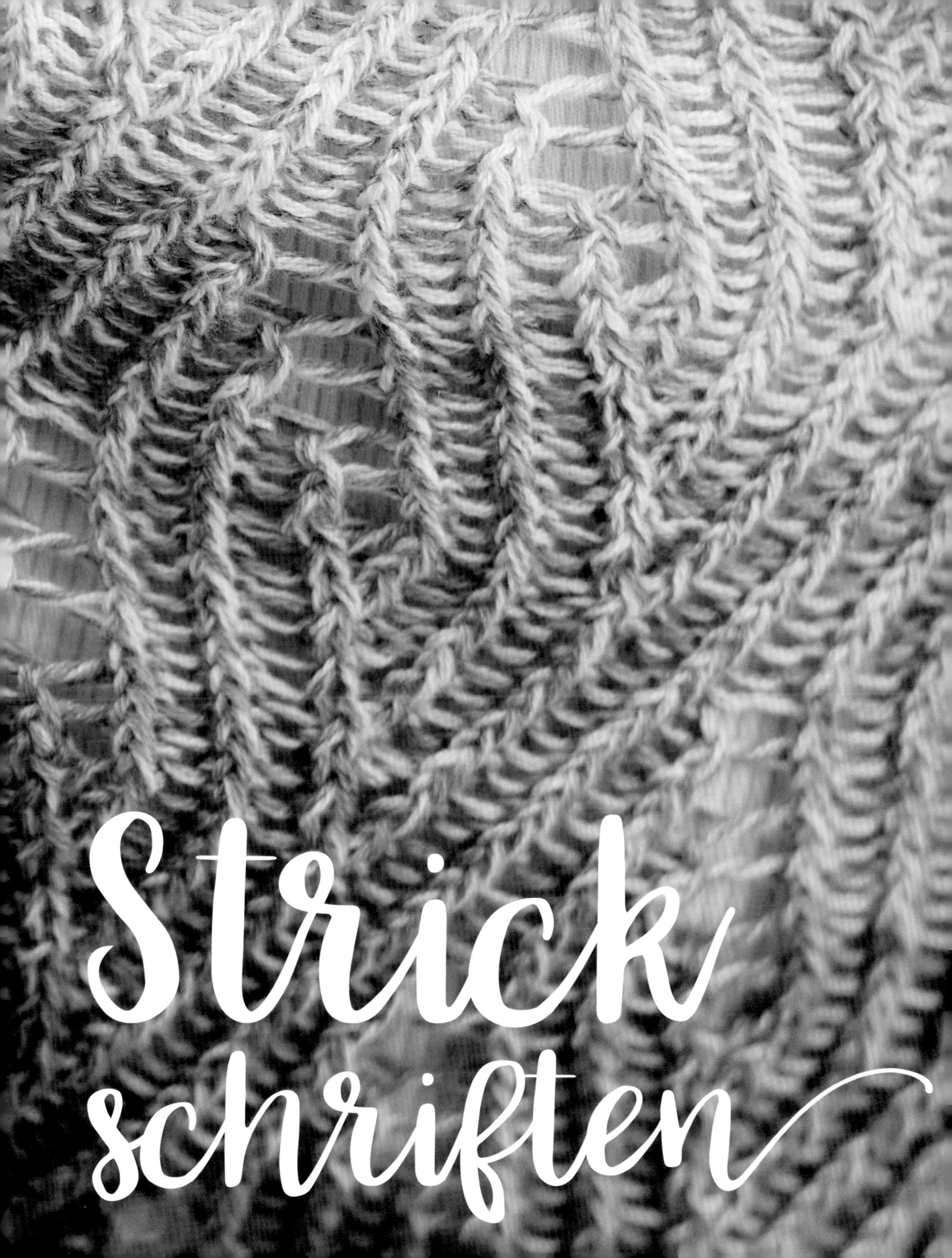

Strick schriften

VERFÜHRUNG **Stola**

Seite 20

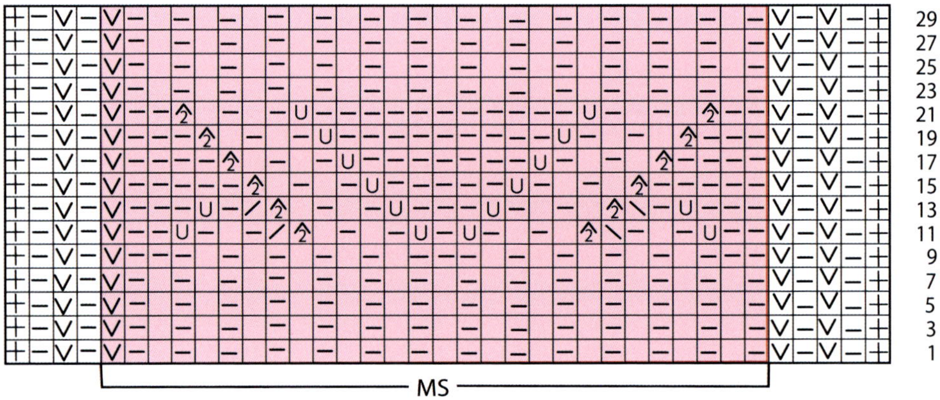

[+] = 1 Rand-M (= am R-Anfang wie zum Linksstricken abheben, dabei den Faden vor der Arbeit mitführen, am R-Ende rechts stricken)

[–] = 1 M links (= in Hin-R links, in Rück-R rechts stricken)

[V] = 1 Patent-M (= in Hin-R die M mit einem U wie zum Linksstricken abheben, in Rück-R die M mit dem U links zusammenstricken)

[ ] = 1 M rechts (= in Hin-R rechts, in Rück-R links stricken)

[U] = 1 U (= in Hin-R den Faden von vorne nach hinten um die Nadel legen, in Rück-R links stricken)

[/] = 2 M rechts zusammen stricken (= in Hin-R in 2 M zusammen einstechen und rechts abstricken, in Rück-R die M links stricken)

[\] = 1 einfacher Überzug (= 2 M rechts überzogen zusammenstricken: In Hin-R die 1. M wie zum Rechtsstricken abheben, die folgende M rechts stricken, dann die abgehobene M darüberziehen. In Rück-R die M links stricken.)

[2] = 2 M links zusammenstricken (in Rück-R rechts stricken)

Mittel-Masche (gilt nur für das Modell „Verführung – Tuch ab unterer Spitze“ von Seite 24)

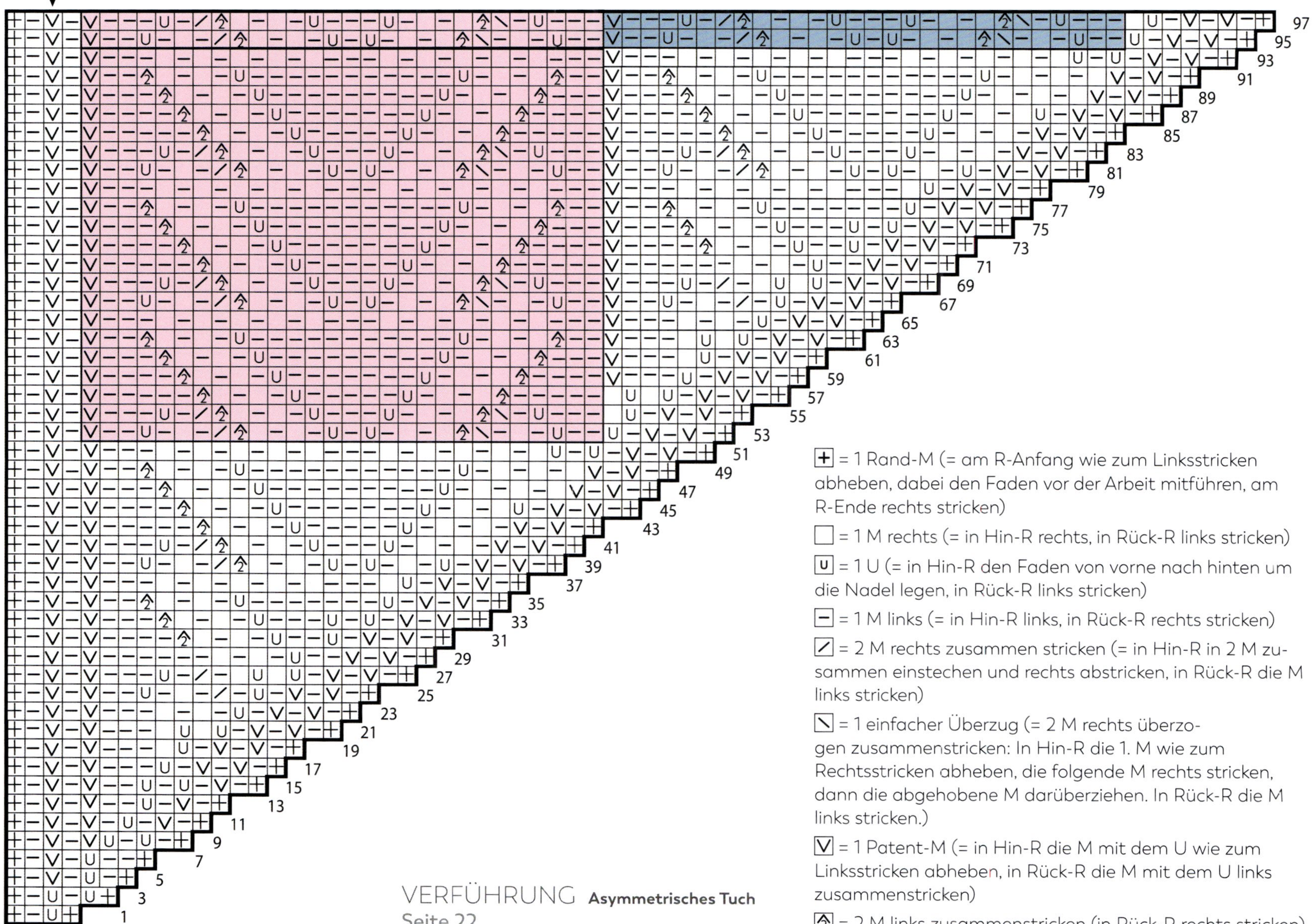

VERFÜHRUNG **Asymmetrisches Tuch**
Seite 22

[+] = 1 Rand-M (= am R-Anfang wie zum Linksstricken abheben, dabei den Faden vor der Arbeit mitführen, am R-Ende rechts stricken)

[ ] = 1 M rechts (= in Hin-R rechts, in Rück-R links stricken)

[U] = 1 U (= in Hin-R den Faden von vorne nach hinten um die Nadel legen, in Rück-R links stricken)

[–] = 1 M links (= in Hin-R links, in Rück-R rechts stricken)

[/] = 2 M rechts zusammen stricken (= in Hin-R in 2 M zusammen einstechen und rechts abstricken, in Rück-R die M links stricken)

[\] = 1 einfacher Überzug (= 2 M rechts überzogen zusammenstricken: In Hin-R die 1. M wie zum Rechtsstricken abheben, die folgende M rechts stricken, dann die abgehobene M darüberziehen. In Rück-R die M links stricken.)

[V] = 1 Patent-M (= in Hin-R die M mit dem U wie zum Linksstricken abheben, in Rück-R die M mit dem U links zusammenstricken)

[2] = 2 M links zusammenstricken (in Rück-R rechts stricken)

FREUDENTANZ **Stola**

Seite 26

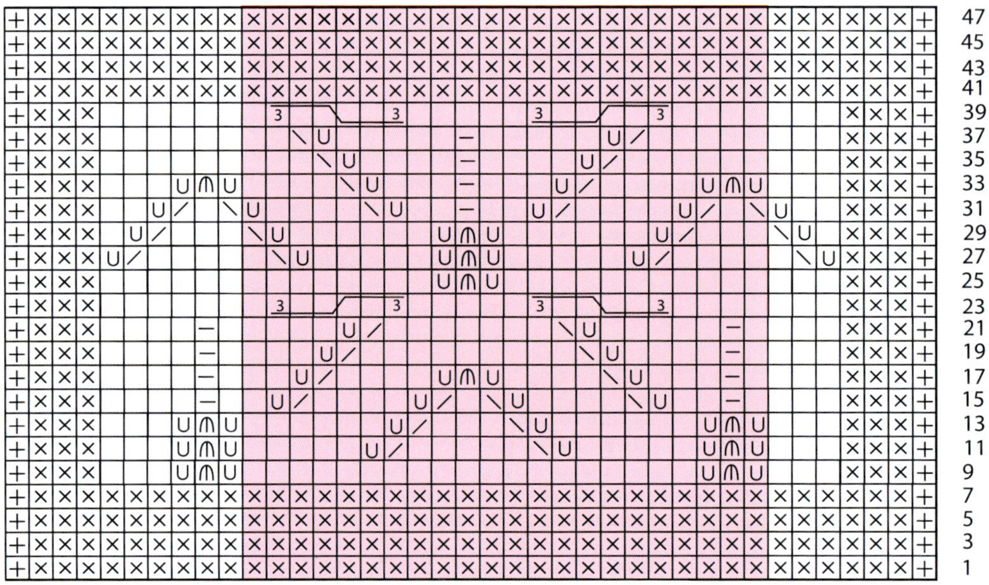

+ = 1 Rand-M (= am R-Anfang wie zum Linksstricken abheben, dabei den Faden vor der Arbeit mitführen, am R-Ende rechts stricken)

× = 1 M kraus rechts (= in Hin- und Rück-R rechts stricken)

□ = 1 M rechts (= in Hin-R rechts, in Rück-R links stricken)

U = 1 U (= in Hin-R den Faden von vorne nach hinten um die Nadel legen, in Rück-R links stricken)

⋒ = 1 doppelter Überzug mit Mittelmasche (= 3 M mit Mittelmasche rechts überzogen zusammenstricken: In Hin-R die folgenden 2 M zusammen wie zum Rechtsstricken abheben, die folgende M rechts stricken, dann die 2 abgehobenen M darüberziehen. In Rück-R die M links stricken.)

/ = 2 M rechts zusammen stricken (= in Hin-R in 2 M zusammen einstechen und rechts abstricken, in Rück-R die M linksstricken)

\ = 1 einfacher Überzug (= 2 M rechts überzogen zusammenstricken: In Hin-R die 1. M wie zum Rechtsstricken abheben, die folgende M rechts stricken, dann die abgehobene M darüberziehen. In Rück-R die M links stricken.)

3 \ 3 = 6 M nach links verzopfen (= 3 M auf 1 Zopfnadel vor die Arbeit legen, die folgenden 3 M rechts stricken, dann die M der Zopfnadel rechts stricken)

3 / 3 = 6 M nach rechts verzopfen (= 3 M auf 1 Zopfnadel hinter die Arbeit legen, die folgenden 3 M rechts stricken, dann die M der Zopfnadel rechts stricken)

MUSTERLINIEN **Stola**

Seite 42

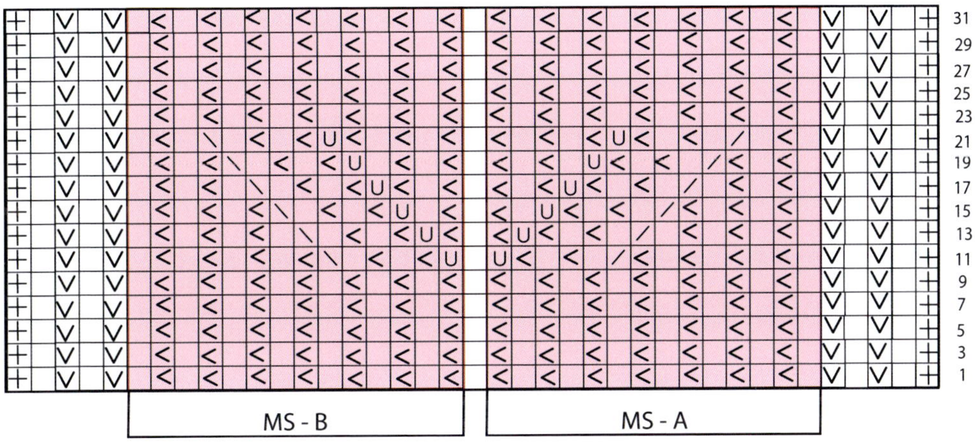

+ = 1 Rand-M (= am R-Anfang wie zum Linksstricken abheben, dabei den Faden vor der Arbeit mitführen, am R-Ende rechts stricken)

□ = 1 M links (= in Hin-R links, in Rück-R rechts stricken)

< = 1 M rechts verschränkt (= in Hin-R rechts verschränkt stricken, dabei in das hintere Maschenglied einstechen, in Rück-R links stricken, sofern in der Anleitung nicht anders angegeben)

V = 1 Patent-M (= Hin-R: die M mit 1 U wie zum Linksstricken abheben, in der Rück-R die M mit dem U links zusammenstricken)

U = 1 U (= in Hin-R den Faden von vorne nach hinten um die Nadel legen, in Rück-R links stricken)

/ = 2 M rechts zusammen stricken (= in Hin-R in 2 M zusammen einstechen und rechts abstricken, in Rück-R die M links stricken)

\ = 1 einfacher Überzug (= 2 M rechts überzogen zusammenstricken: In Hin-R die 1. M wie zum Rechtsstricken abheben, die folgende M rechts stricken, dann die abgehobene M darüberziehen. In Rück-R die M links stricken.)

LIEBLINGSMUSTER **Stola**

Seite 30

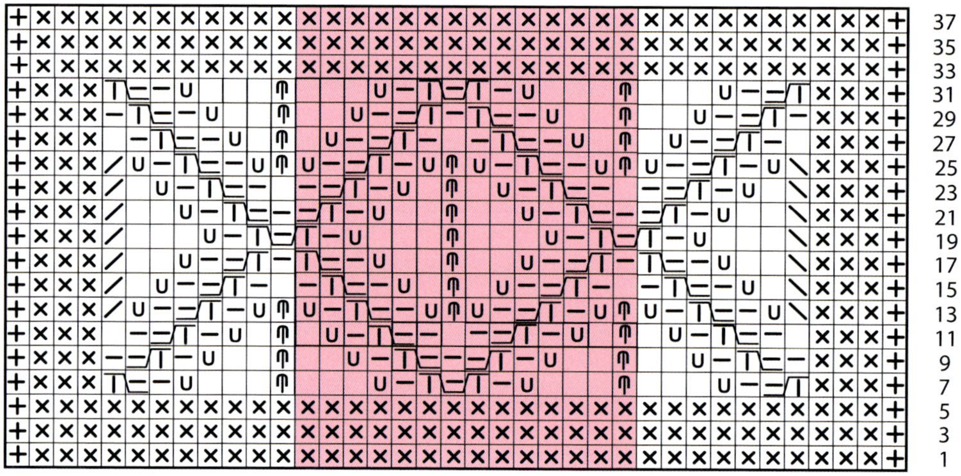

+ = 1 Rand-M (= am R-Anfang wie zum Linksstricken abheben, dabei den Faden vor der Arbeit mitführen, am R-Ende rechts stricken)

× = 1 M kraus rechts (= in Hin- und Rück-R rechts stricken)

U = 1 U (= in Hin-R den Faden von vorne nach hinten um die Nadel legen, in Rück-R links stricken)

– = 1 M links (= in Hin-R links, in Rück-R rechts stricken)

□ = 1 M rechts (= in Hin-R rechts, in Rück-R links stricken)

/ = 2 M rechts zusammen stricken (= in Hin-R in 2 M zusammen einstechen und rechts abstricken, in Rück-R die M links stricken)

\ = 1 einfacher Überzug (= 2 M rechts überzogen zusammenstricken: In Hin-R die 1. M wie zum Rechtsstricken abheben, die folgende M rechts stricken, dann die abgehobene M darüberziehen. In Rück-R die M links stricken.)

⋔ = 1 doppelter Überzug mit Mittelmasche (= 3 M mit Mittelmasche rechts überzogen zusammenstricken: In Hin-R die folgenden 2 M zusammen wie zum Rechtsstricken abheben, die folgende M rechts stricken, dann die 2 abgehobenen M darüberziehen. In Rück-R die M links stricken.)

= 1 linke und 1 rechte M nach rechts verzopfen (= die folgende M auf eine Zopfnadel hinter die Arbeit legen, die folgende M rechts stricken, dann die M der Zopfnadel links stricken)

= 1 rechte und 1 linke M nach links verzopfen (= die folgende M auf eine Zopfnadel vor die Arbeit legen, die folgende M links stricken, dann die M der Zopfnadel rechts stricken)

= 1 rechte, 1 linke und 1 rechte M verzopfen (= die folgende M auf eine Zopfnadel vor die Arbeit legen, die folgende M auf eine zweite Zopfnadel hinter die Arbeit legen, die folgende M rechts stricken, dann die M der zweiten Zopfnadel links stricken und die M der ersten Zopfnadel rechts stricken)

LIEBLINGSMUSTER **Asymmetrisches Tuch**

Seite 32

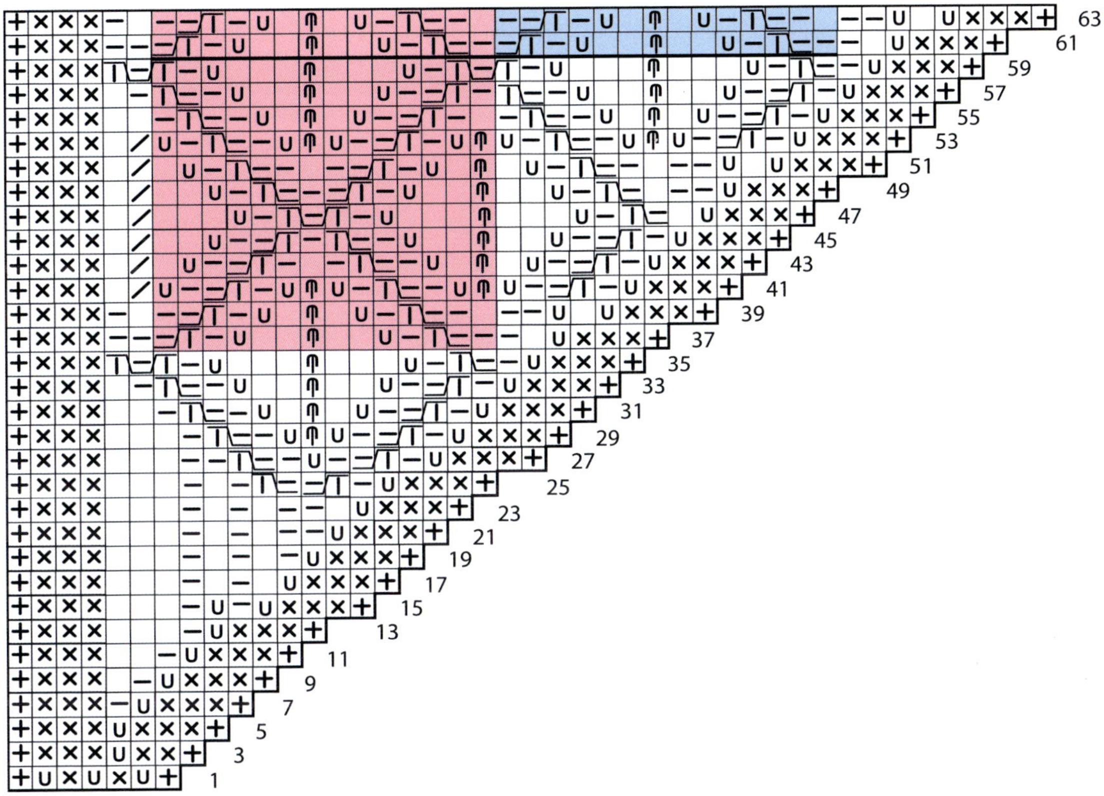

LIEBLINGSMUSTER **Tuch ab unterer Spitze**

Seite 34

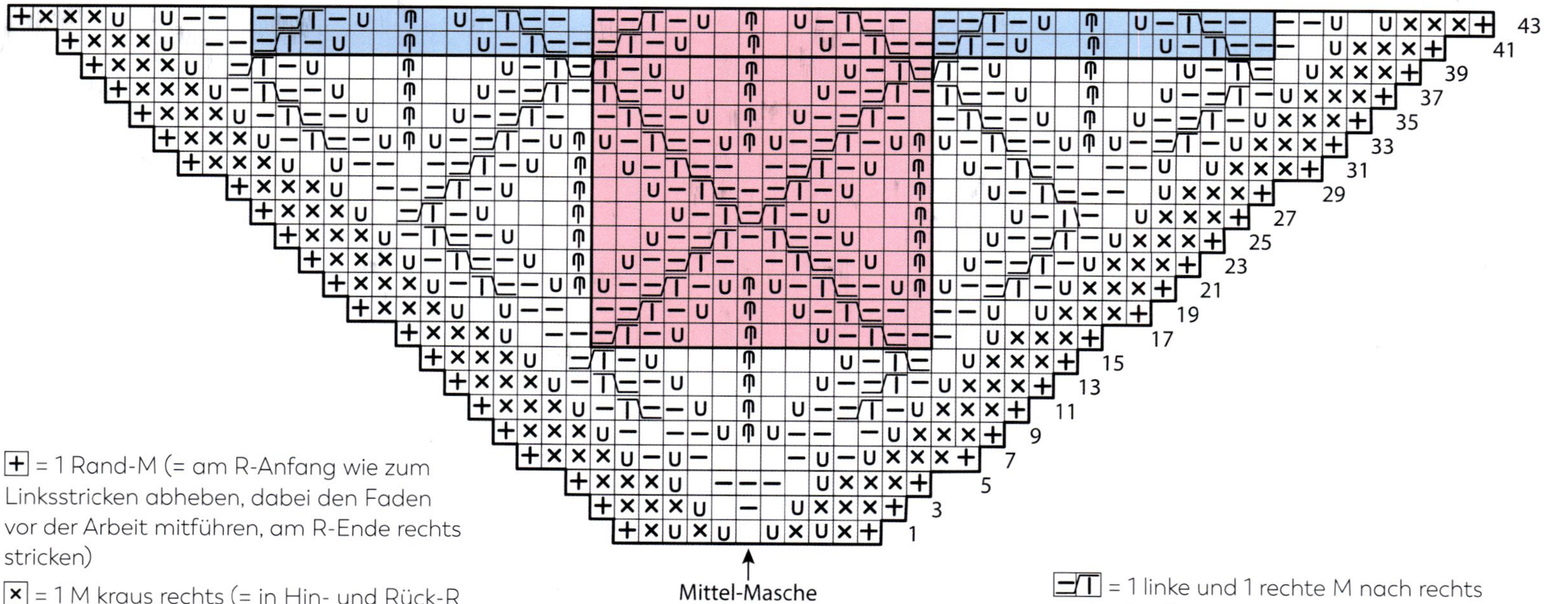

[+] = 1 Rand-M (= am R-Anfang wie zum Linksstricken abheben, dabei den Faden vor der Arbeit mitführen, am R-Ende rechts stricken)

[×] = 1 M kraus rechts (= in Hin- und Rück-R rechts stricken)

[U] = 1 U (= in Hin-R den Faden von vorne nach hinten um die Nadel legen, in Rück-R links stricken)

[–] = 1 M links (= in Hin-R links, in Rück-R rechts stricken)

[ ] = 1 M rechts (= in Hin-R rechts, in Rück-R links stricken)

[⋔] = 1 doppelter Überzug mit Mittelmasche (= 3 M mit Mittelmasche rechts überzogen zusammenstricken: In Hin-R die folgenden 2 M zusammen wie zum Rechtsstricken abheben, die folgende M rechts stricken, dann die 2 abgehobenen M darüberziehen. In Rück-R die M links stricken.)

[–/|] = 1 linke und 1 rechte M nach rechts verzopfen (= die folgende M auf eine Zopfnadel hinter die Arbeit legen, die folgende M rechts stricken, dann die M der Zopfnadel links stricken)

[|\–] = 1 rechte und 1 linke M nach links verzopfen (= die folgende M auf eine Zopfnadel vor die Arbeit legen, die folgende M links stricken, dann die M der Zopfnadel rechts stricken)

GLÜCKSBRINGER **Asymmetrisches Tuch**

Seite 38

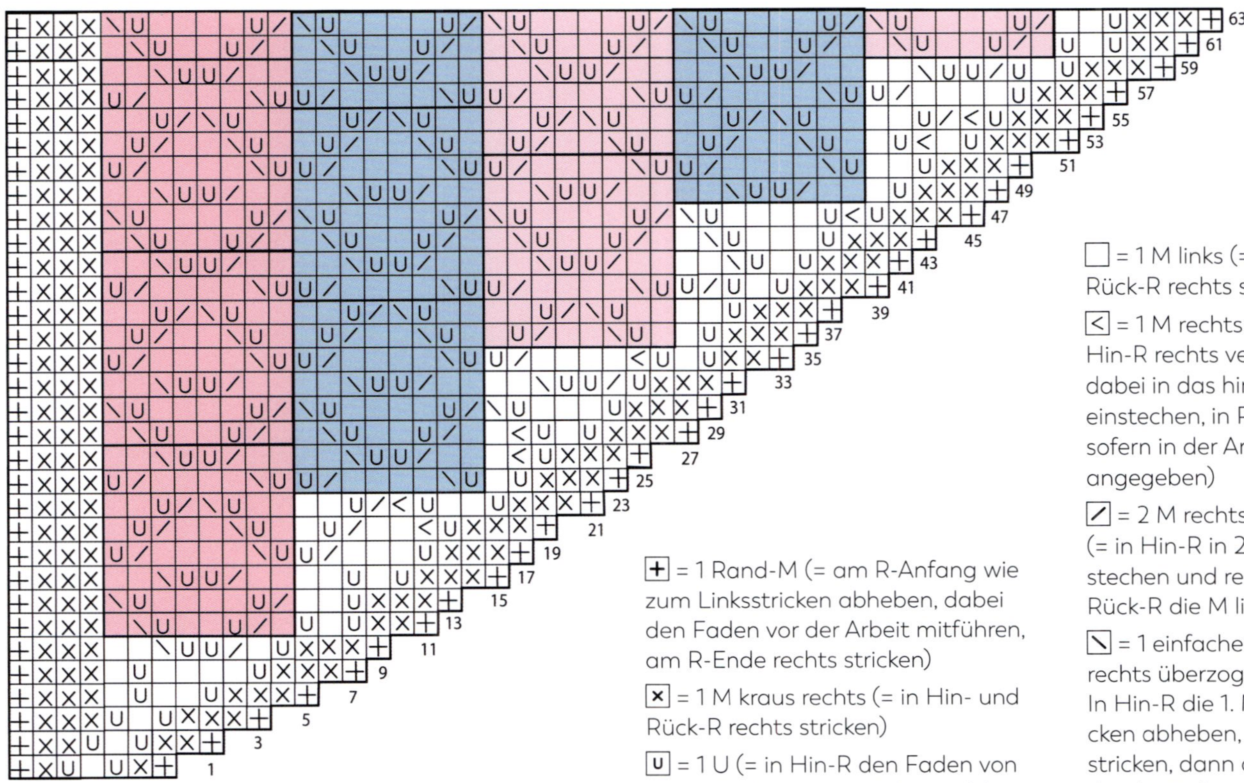

[+] = 1 Rand-M (= am R-Anfang wie zum Linksstricken abheben, dabei den Faden vor der Arbeit mitführen, am R-Ende rechts stricken)

[×] = 1 M kraus rechts (= in Hin- und Rück-R rechts stricken)

[U] = 1 U (= in Hin-R den Faden von vorne nach hinten um die Nadel legen, in Rück-R links stricken)

[ ] = 1 M links (= in Hin-R links, in Rück-R rechts stricken)

[<] = 1 M rechts verschränkt (= in Hin-R rechts verschränkt stricken, dabei in das hintere Maschenglied einstechen, in Rück-R links stricken, sofern in der Anleitung nicht anders angegeben)

[/] = 2 M rechts zusammen stricken (= in Hin-R in 2 M zusammen einstechen und rechts abstricken, in Rück-R die M links stricken)

[\] = 1 einfacher Überzug (= 2 M rechts überzogen zusammenstricken: In Hin-R die 1. M wie zum Rechtsstricken abheben, die folgende M rechts stricken, dann die abgehobene M darüberziehen. In Rück-R die M links stricken.)

MUSTERLINIEN **Asymmetrisches Tuch**
Seite 44

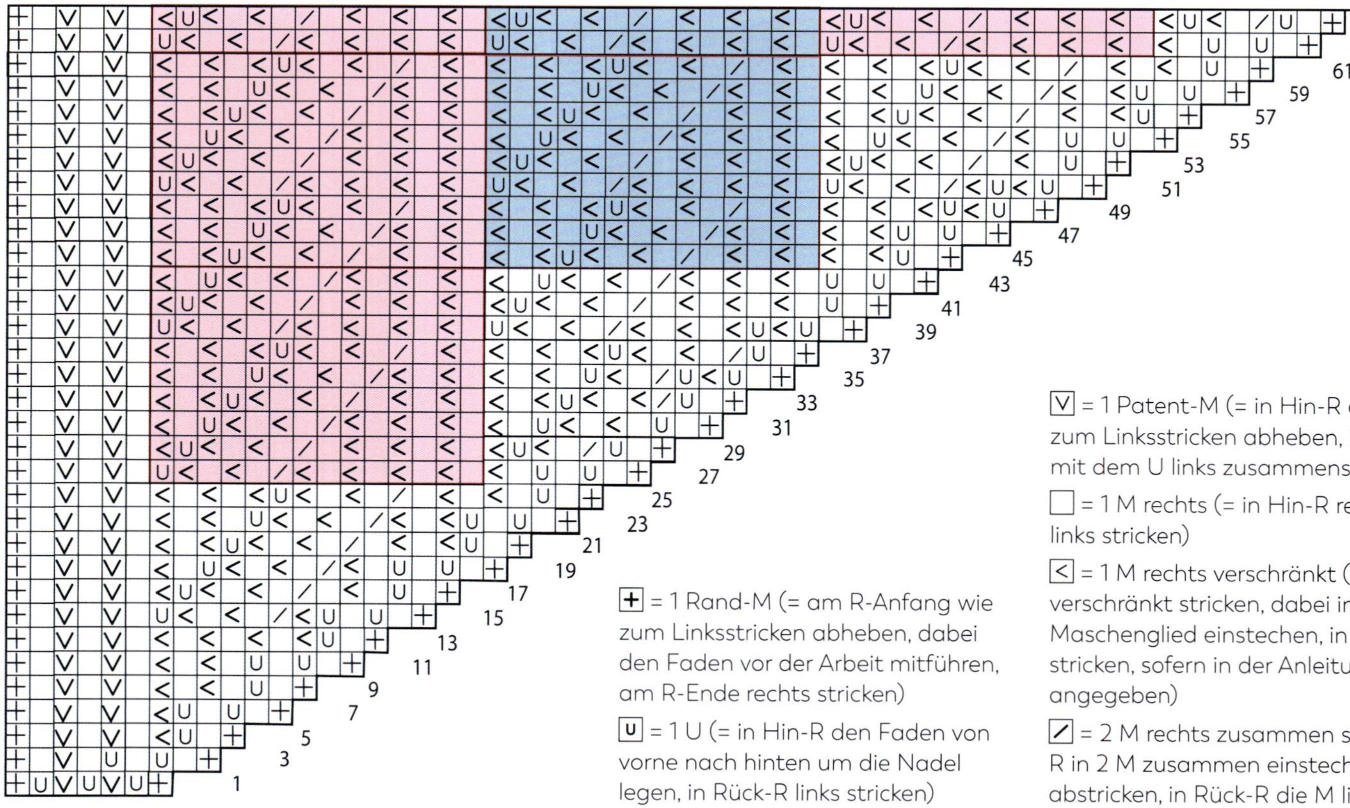

[+] = 1 Rand-M (= am R-Anfang wie zum Linksstricken abheben, dabei den Faden vor der Arbeit mitführen, am R-Ende rechts stricken)

[U] = 1 U (= in Hin-R den Faden von vorne nach hinten um die Nadel legen, in Rück-R links stricken)

[V] = 1 Patent-M (= in Hin-R die M mit 1 U wie zum Linksstricken abheben, in Rück-R die M mit dem U links zusammenstricken)

[ ] = 1 M rechts (= in Hin-R rechts, in Rück-R links stricken)

[<] = 1 M rechts verschränkt (= in Hin-R rechts verschränkt stricken, dabei in das hintere Maschenglied einstechen, in Rück-R links stricken, sofern in der Anleitung nicht anders angegeben)

[/] = 2 M rechts zusammen stricken (= in Hin-R in 2 M zusammen einstechen und rechts abstricken, in Rück-R die M links stricken)

BLUMENTEPPICH **Stola**

Seite 50

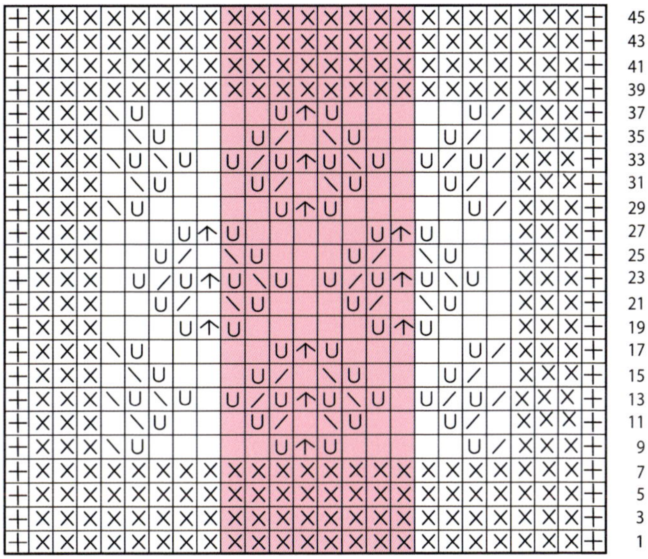

[+] = 1 Rand-M (= am R-Anfang wie zum Linksstricken abheben, dabei den Faden vor der Arbeit mitführen, am R-Ende rechts stricken)

[×] = 1 M kraus rechts (= in Hin- und Rück-R rechts stricken)

[ ] = 1 M rechts (= in Hin-R rechts, in Rück-R links stricken)

[U] = 1 U (= in Hin-R den Faden von vorne nach hinten um die Nadel legen, in Rück-R links stricken)

[/] = 2 M rechts zusammen stricken (= in Hin-R in 2 M zusammen einstechen und rechts abstricken, in Rück-R die M links stricken)

[\] = 1 einfacher Überzug (= 2 M rechts überzogen zusammenstricken: In Hin-R die 1. M wie zum Rechtsstricken abheben, die folgende M rechts stricken, dann die abgehobene M darüberziehen. In Rück-R die M links stricken.)

[↑] = 1 doppelter Überzug (= 3 M rechts überzogen zusammenstricken: In Hin-R die 1. M wie zum Rechtsstricken abheben, die folgenden 2 M rechts zusammenstricken, dann die abgehobene M darüberziehen. In Rück-R die M links stricken.)

BLÜTENRAUSCH **Tuch ab oberer Mitte**

Seite 60

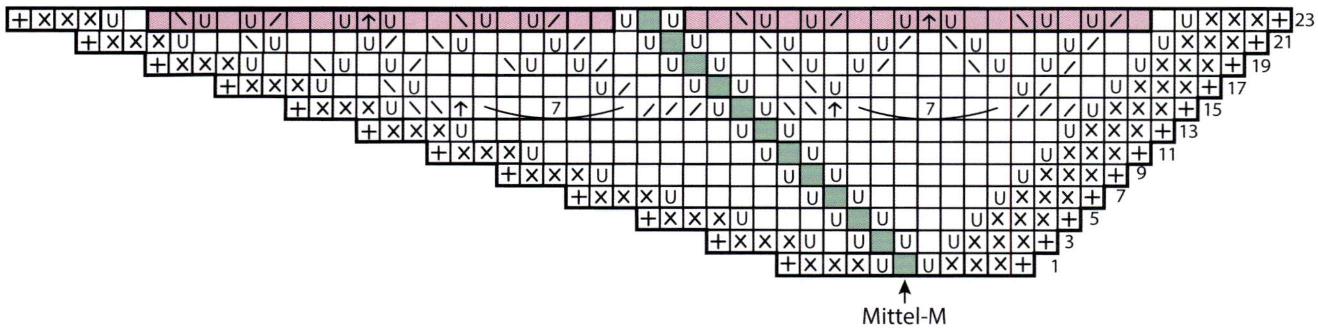

[+] = 1 Rand-M (= am R-Anfang wie zum Linksstricken abheben, dabei den Faden vor der Arbeit mitführen, am R-Ende rechts stricken)

[x] = 1 M kraus rechts (= in Hin- und Rück-R rechts stricken)

[U] = 1 U (= in Hin-R den Faden von vorne nach hinten um die Nadel legen, in Rück-R links stricken)

[ ] = 1 M rechts (= in Hin-R rechts, in Rück-R links stricken)

[/] = 2 M rechts zusammen stricken (= in Hin-R in 2 M zusammen einstechen und rechts abstricken, in Rück-R die M links stricken)

[\] = 1 einfacher Überzug (= 2 M rechts überzogen zusammenstricken: In Hin-R die 1. M wie zum Rechtsstricken abheben, die folgende M rechts stricken, dann die abgehobene M darüberziehen. In Rück-R die M links stricken.)

[↑] = 1 doppelter Überzug (= 3 M rechts überzogen zusammenstricken: In Hin-R die 1. M wie zum Rechtsstricken abheben, die folgenden 2 M rechts zusammenstricken, dann die abgehobene M darüberziehen. In Rück-R die M links stricken.)

[7] = 1 U – in der folgenden Rück-R 7 M herausstricken (abwechselnd 1 M links, 1 U, 1 M links, 1 U, 1 M links, 1 U, 1 M links)

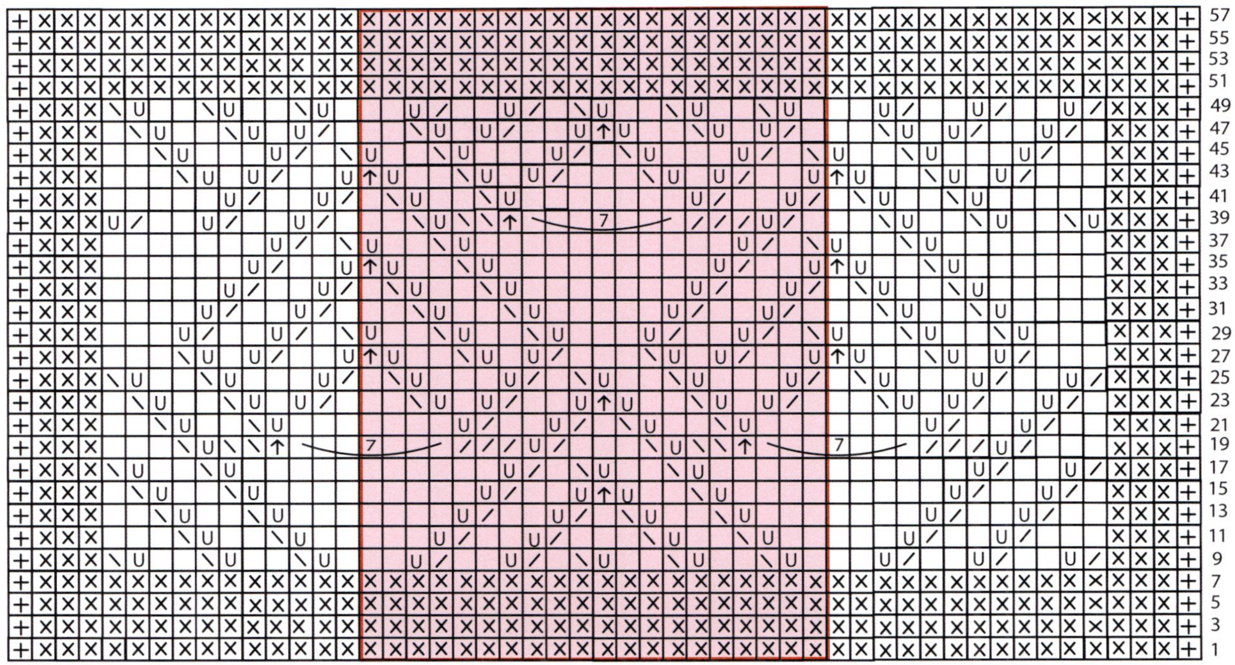

[+] = 1 Rand-M (= am R-Anfang wie zum Linksstricken abheben, dabei den Faden vor der Arbeit mitführen, am R-Ende rechts stricken)

[×] = 1 M kraus rechts (= in Hin- und Rück-R rechts stricken)

[ ] = 1 M rechts (= in Hin-R rechts, in Rück-R links stricken)

[U] = 1 U (= in Hin-R den Faden von vorne nach hinten um die Nadel legen, in Rück-R links stricken)

[/] = 2 M rechts zusammen stricken (= in Hin-R in 2 M zusammen einstechen und rechts abstricken, in Rück-R die M links stricken)

[\] = 1 einfacher Überzug (= 2 M rechts überzogen zusammenstricken: In Hin-R die 1. M wie zum Rechtsstricken abheben, die folgende M rechts stricken, dann die abgehobene M darüberziehen. In Rück-R die M links stricken.)

[7] = 1 U – in der folgenden Rück-R 7 M herausstricken (abwechselnd 1 M links, 1 U, 1 M links, 1 U, 1 M links, 1 U, 1 M links)

BLÄTTERRANKEN **Stola**

Seite 64

Strickschrift 1

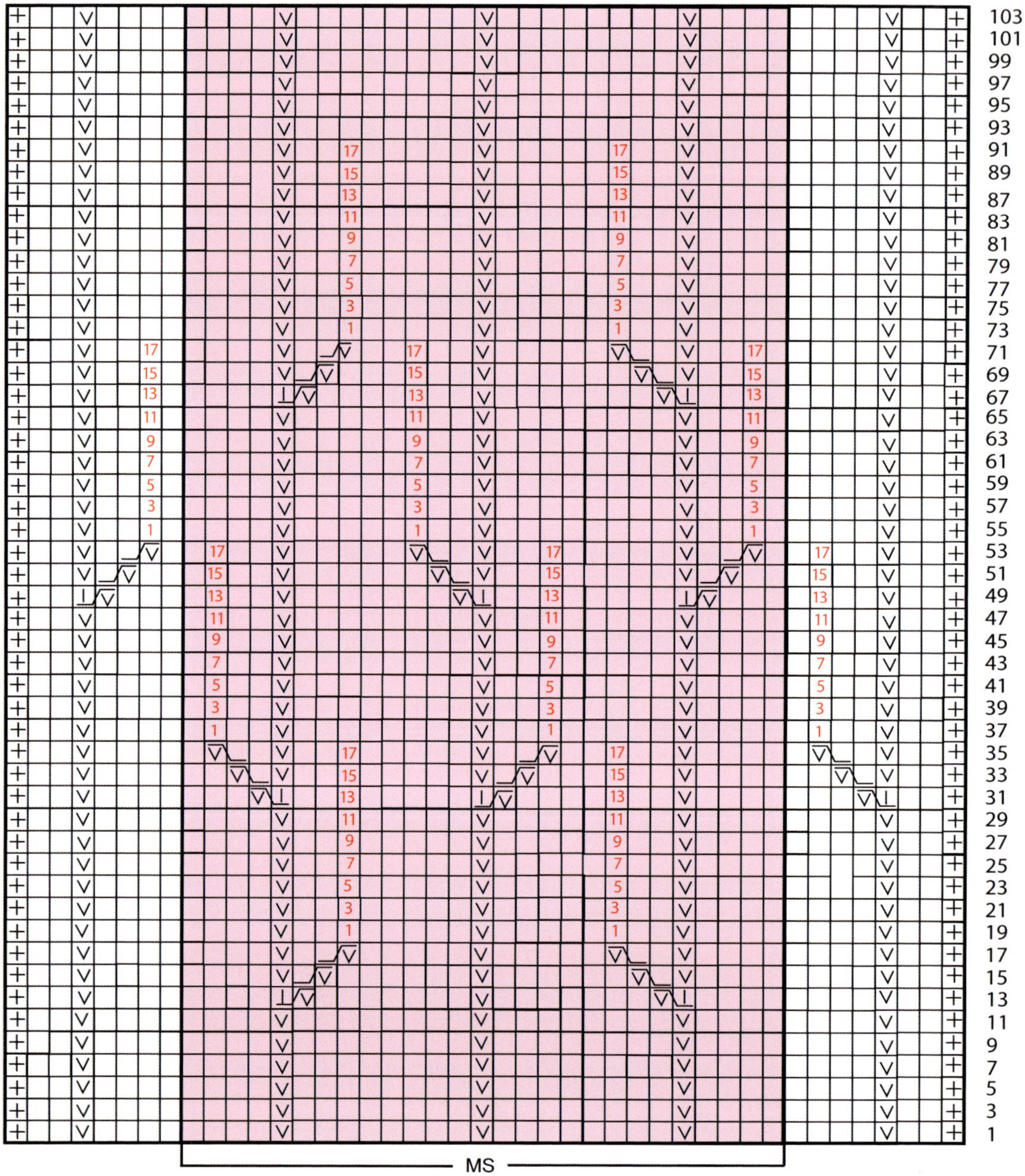

Strickschrift 2

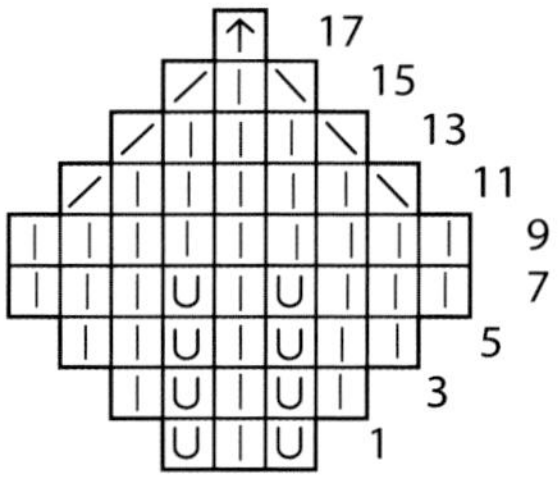

[+] = 1 Rand-M (= am R-Anfang wie zum Linksstricken abheben, dabei den Faden vor der Arbeit mitführen, am R-Ende rechts stricken)

[ ] = 1 M kraus rechts (= in Hin- und Rück-R rechts stricken)

[I] = 1 M rechts (= in Hin-R rechts, in Rück-R links stricken)

[V] = 1 Patent-M (= in Hin-R die M mit 1 U wie zum Linksstricken abheben, in Rück-R die M mit dem U links zusammenstricken)

[U] = 1 U (= in Hin-R den Faden von vorne nach hinten um die Nadel legen, in Rück-R links stricken)

[/] = 2 M rechts zusammen stricken (= in Hin-R in 2 M zusammen einstechen und rechts abstricken, in Rück-R die M links stricken)

[\] = 1 einfacher Überzug (= 2 M rechts überzogen zusammenstricken: In Hin-R die 1. M wie zum Rechtsstricken abheben, die folgende M rechts stricken, dann die abgehobene M darüberziehen. In Rück-R die M links stricken.)

[↑] = 1 doppelter Überzug (= 3 M rechts überzogen zusammenstricken: In Hin-R die 1. M wie zum Rechtsstricken abheben, die folgenden 2 M rechts zusammenstricken, dann die abgehobene M darüberziehen. In Rück-R die M links stricken.)

[2] = Aus 1 M insgesamt 2 M herausstricken (1 M rechts und 1 M rechts verschränkt)

[3] = Aus 1 M insgesamt 3 M herausstricken (1 M rechts, 1 U und 1 M rechts)

[_/V] = 2 M nach rechts verzopfen (= 1 M auf 1 Zopfnadel hinter die Arbeit legen, die folgende M als Patent-M mit 1 U wie zum Linksstricken abheben, dann die M der Zopfnadel rechts stricken – diese in der Rück-R ebenfalls rechts stricken)

[V_] = 2 M nach links verzopfen (= 1 M auf 1 Zopfnadel vor die Arbeit legen, die folgende M rechts stricken – diese in der Rück-R ebenfalls rechts stricken, dann die M der Zopfnadel als Patent-M mit 1 U wie zum Linksstricken abheben)

[V\I] = 2 M nach links verzopfen (= 1 M auf 1 Zopfnadel vor die Arbeit legen, die folgende M rechts stricken – diese in der Rück-R links stricken, dann die M der Zopfnadel als Patent-M mit 1 U wie zum Linksstricken abheben)

[I/V] = 2 M nach rechts verzopfen (= 1 M auf 1 Zopfnadel hinter die Arbeit legen, die folgende M als Patent-M mit 1 U wie zum Linksstricken abheben, dann die M der Zopfnadel rechts stricken – diese in der Rück-R links stricken)

BLÜTENRAUSCH **Tuch ab unterer Spitze**

Seite 58

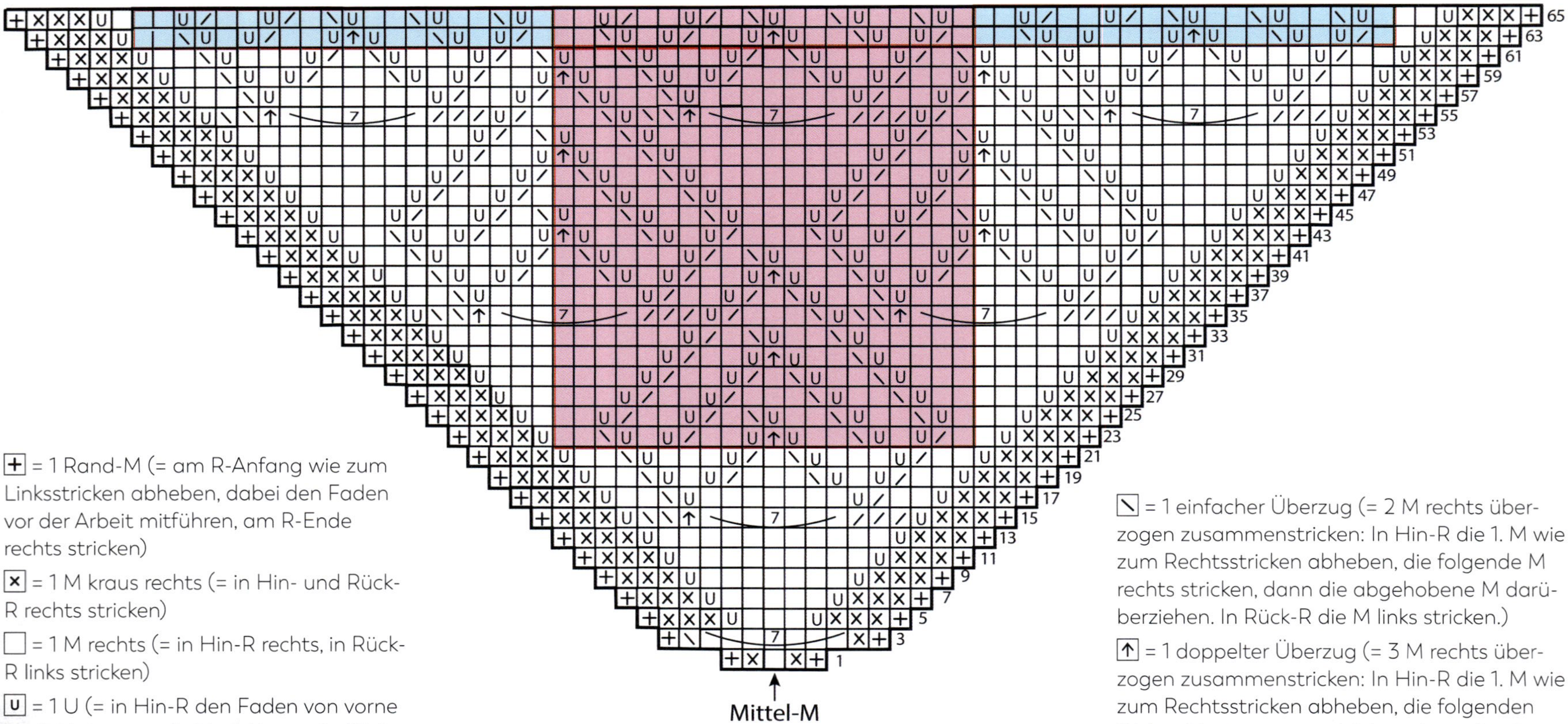

+ = 1 Rand-M (= am R-Anfang wie zum Linksstricken abheben, dabei den Faden vor der Arbeit mitführen, am R-Ende rechts stricken)

× = 1 M kraus rechts (= in Hin- und Rück-R rechts stricken)

□ = 1 M rechts (= in Hin-R rechts, in Rück-R links stricken)

U = 1 U (= in Hin-R den Faden von vorne nach hinten um die Nadel legen, in Rück-R links stricken)

/ = 2 M rechts zusammen stricken (= in Hin-R in 2 M zusammen einstechen und rechts abstricken, in Rück-R die M links stricken)

\ = 1 einfacher Überzug (= 2 M rechts überzogen zusammenstricken: In Hin-R die 1. M wie zum Rechtsstricken abheben, die folgende M rechts stricken, dann die abgehobene M darüberziehen. In Rück-R die M links stricken.)

↑ = 1 doppelter Überzug (= 3 M rechts überzogen zusammenstricken: In Hin-R die 1. M wie zum Rechtsstricken abheben, die folgenden 2 M rechts zusammenstricken, dann die abgehobene M darüberziehen. In Rück-R die M links stricken.)

7 = 1 U – in der folgenden Rück-R 7 M herausstricken (abwechselnd 1 M links, 1 U, 1 M links, 1 U, 1 M links, 1 U, 1 M links)

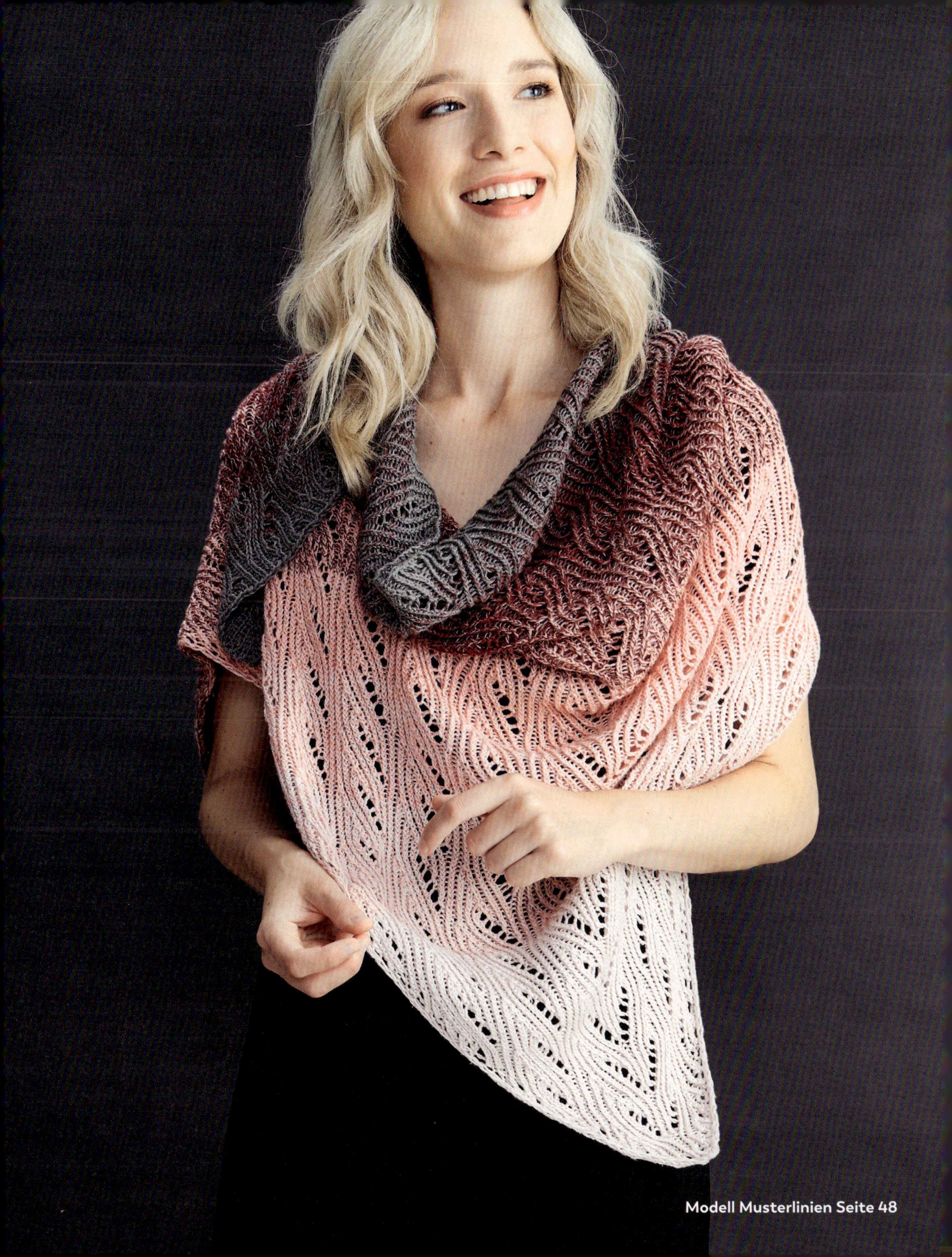

Modell Musterlinien Seite 48

Neue Ideen zum Stricken und Häkeln von Veronika Hug

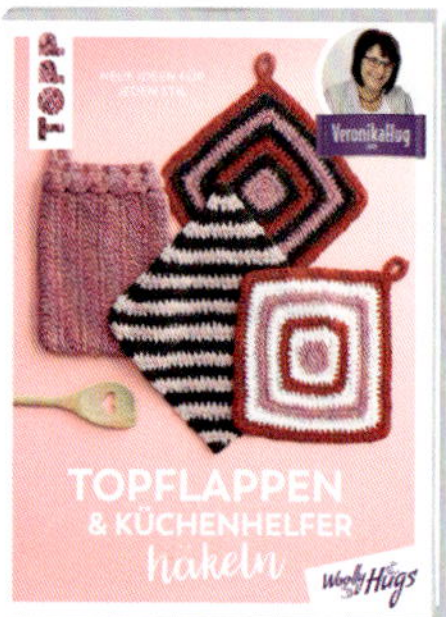

ISBN 978-3-7724-6860-5

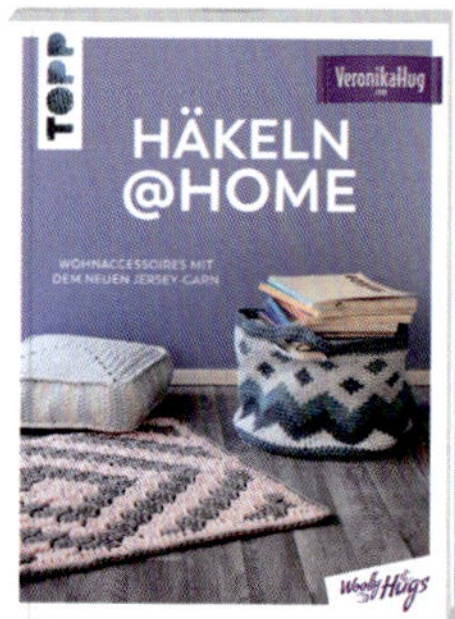

ISBN 978-3-7724-6861-2

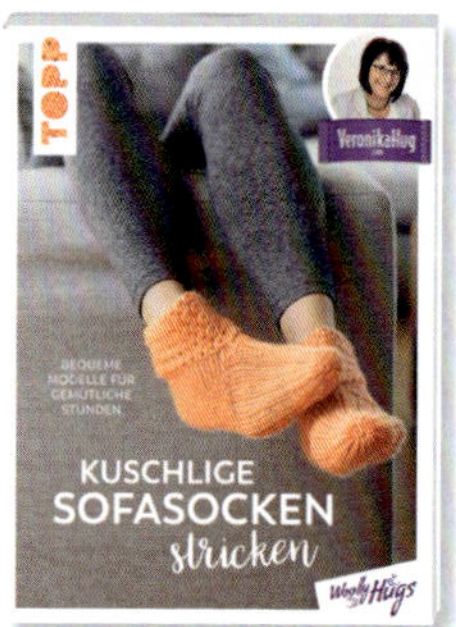

ISBN 978-3-7724-6862-9

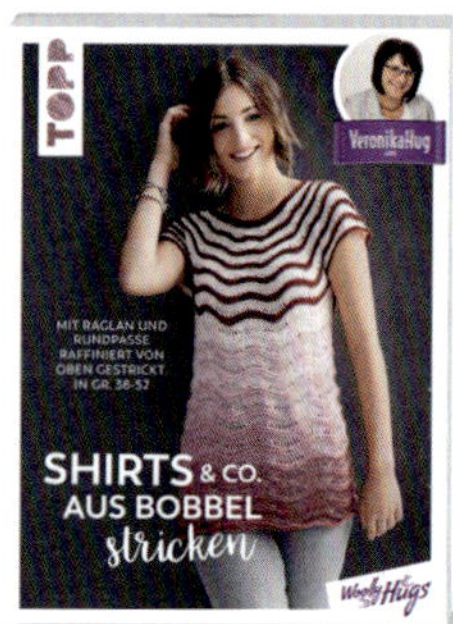

ISBN 978-3-7724-6863-6

Kennt ihr schon den YouTube-Kanal von Veronika Hug?

Dort stellt sie regelmäßig Videos rund um das Thema Handarbeiten ein. Auch für einige Tücher aus diesem Buch findet ihr dort eine extra Playlist mit Videoanleitungen, Tipps und Tricks.

https://bit.ly/3mxbs7L

Solltet ihr also Schwierigkeiten beim Arbeiten mit Strickschriften haben, schaut einfach mal rein. Viele Tipps und geniale Kniffe warten auf euch.

Für die Modelle in diesem Buch empfiehlt Veronika Stricknadeln mit Seilen zu nehmen, bei denen man einen Sicherheitsfaden einziehen kann, z. B. die addiClick-Mappe von Woolly Hugs, die extra dafür zusammengestellt wurde. Diesen Faden nennt man nicht umsonst auch Rettungsfaden.

Einfach nach jedem Mustersatz in der folgenden Reihe einen separaten Kontrastfaden durch die Öffnung am Seil ziehen und diesen mit dem Abstricken der folgenden Reihe durch die Maschen ziehen. Sollte mal ein Fehler passieren, so hält der Sicherheitsfaden die Maschen genau nach dem Mustersatz fest und man weiß nach dem Auffassen der Maschen, wo es in der Strickschrift weiter geht und das Strickstück ist gerettet.

Buchempfehlungen für Sie

Noch mehr kreative Bücher zum gleichen Thema gesucht?

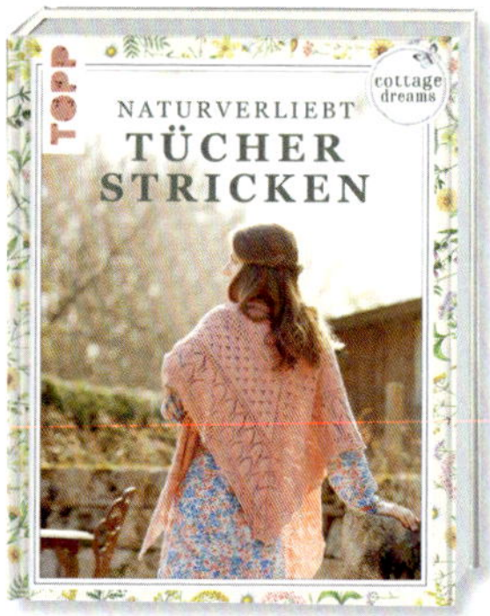

ISBN 978-3-7724-4883-6

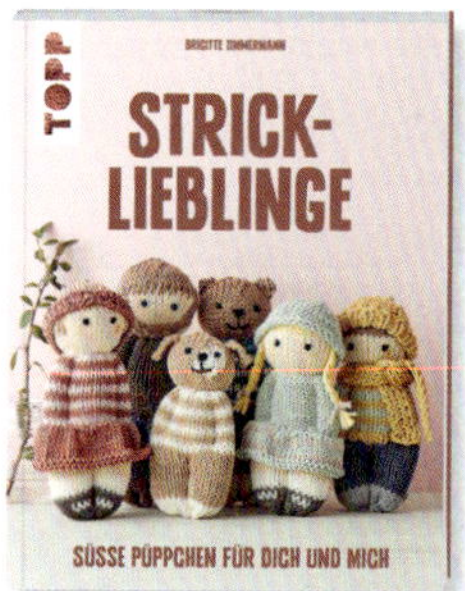

ISBN 978-3-7724-6858-2

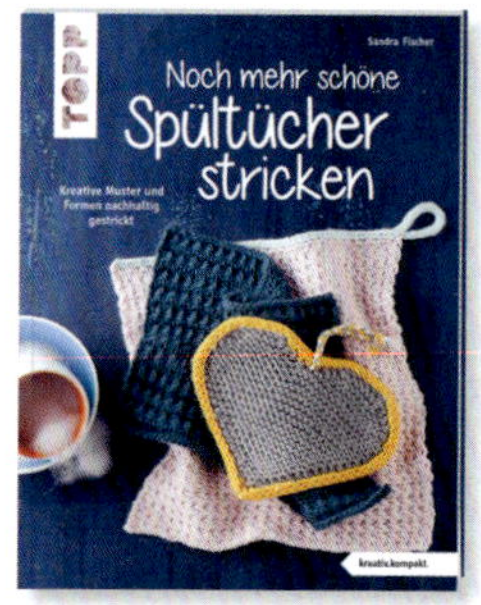

ISBN 978-3-7724-6856-8

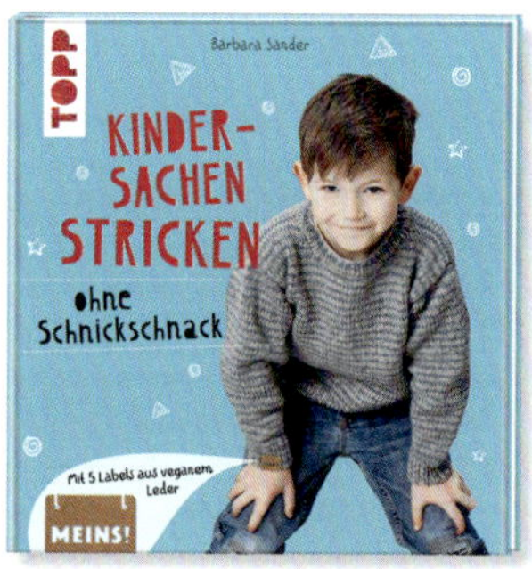

ISBN 978-3-7724-4842-3

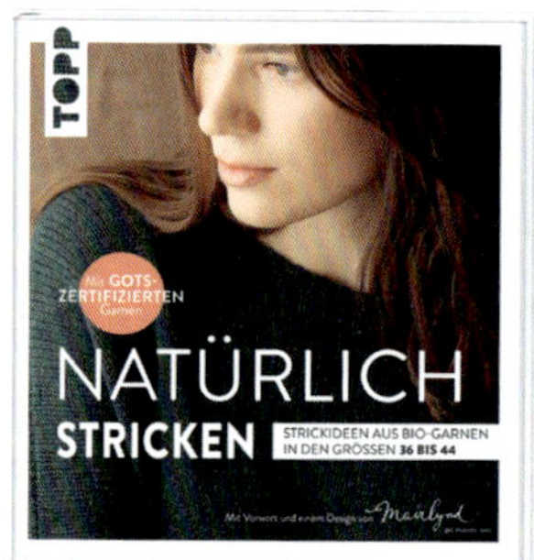

ISBN 978-3-7724-4845-4

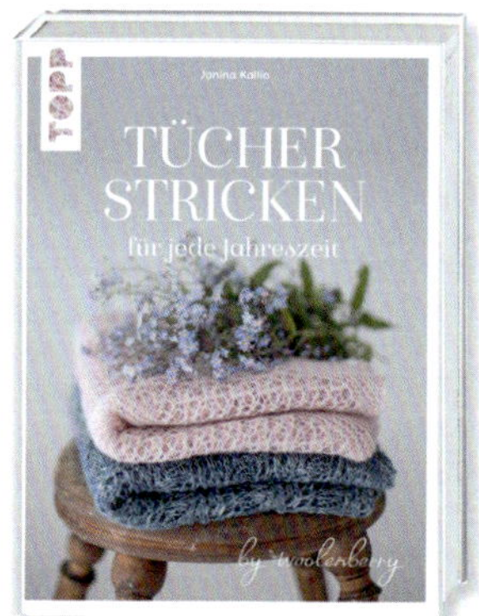

ISBN 978-3-7724-4814-0

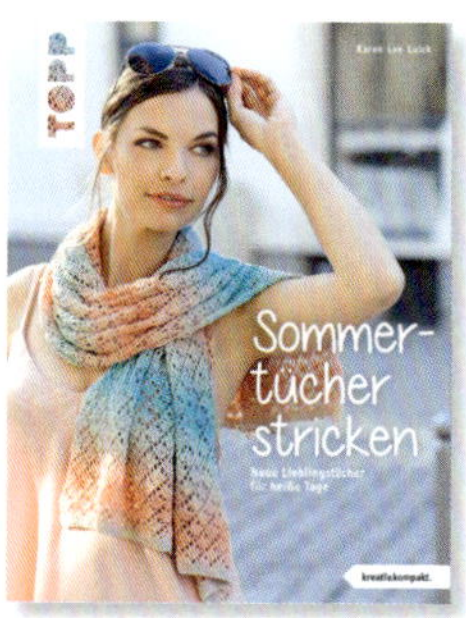

ISBN 978-3-7724-6834-6

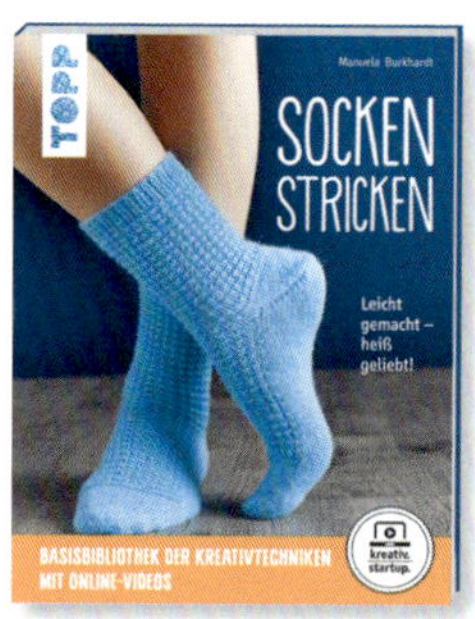

ISBN 978-3-7724-8182-6

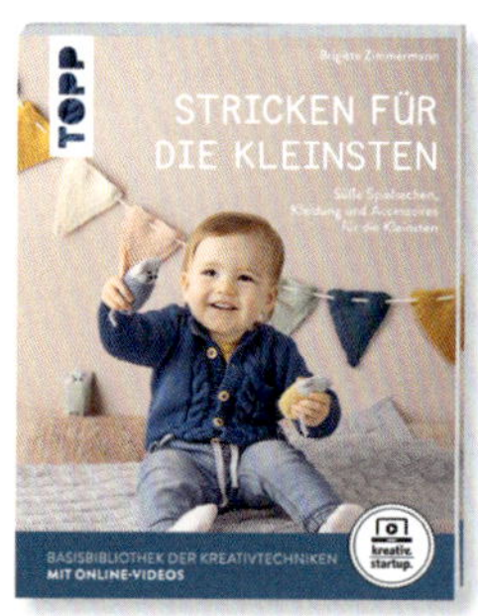

ISBN 978-3-7724-6889-6

Noch mehr Kreativ-Bücher finden Sie auf www.TOPP-kreativ.de

Entdecken Sie unsere Standardwerke und Mustersammlungen...

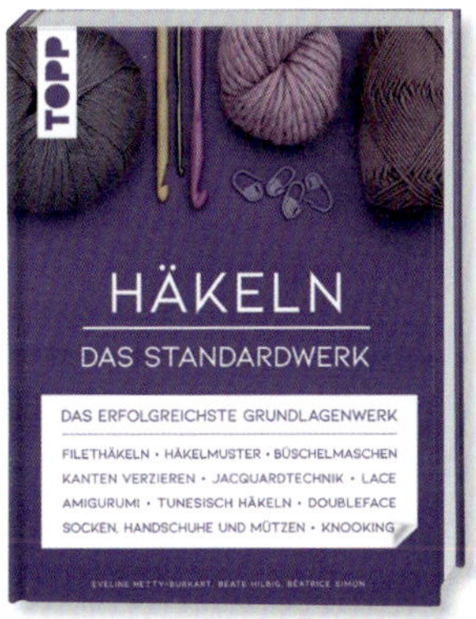

ISBN 978-3-7724-4885-0

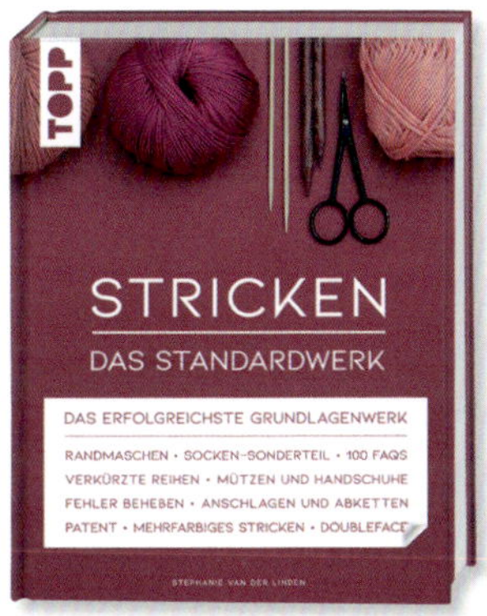

ISBN 978-3-7724-4884-3

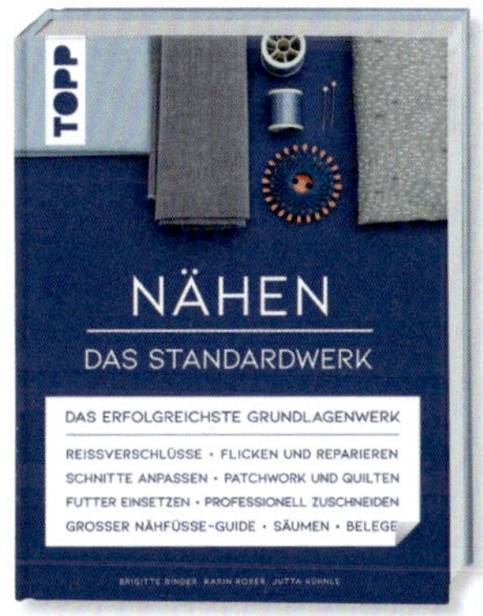

ISBN 978-3-7724-4860-7

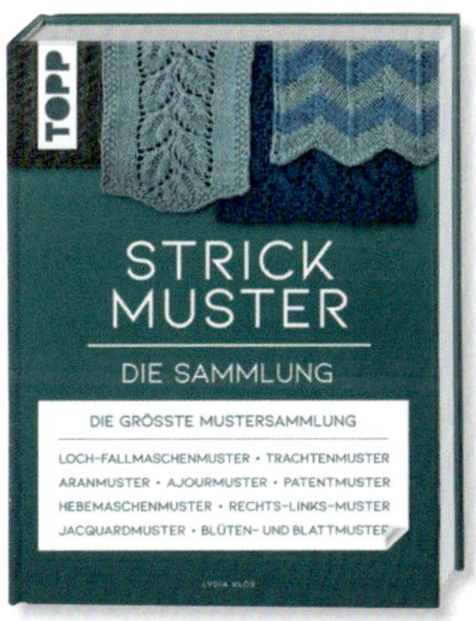

ISBN 978-3-7724-4886-7

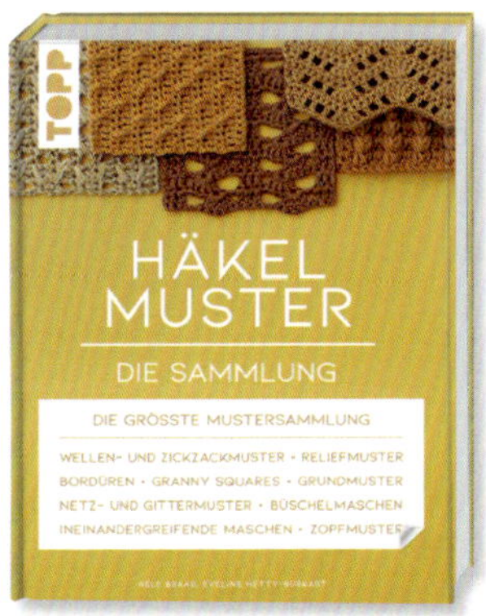

ISBN 978-3-7724-4887-4

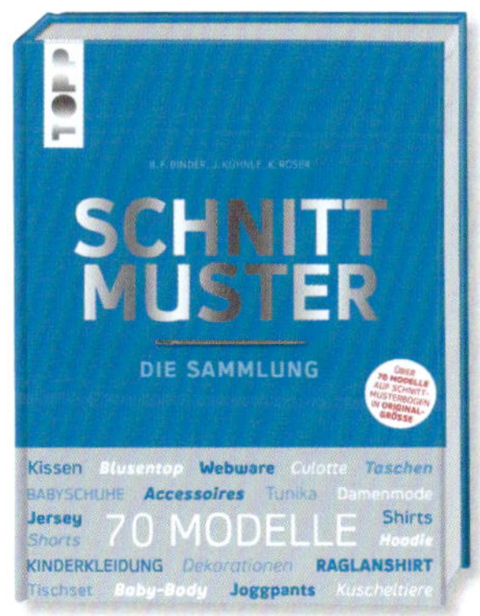

ISBN 978-3-7724-8166-6

#TOPPPROJEKT

Die eigene Kreativität zeigen: TOPPprojekt mit anderen Kreativen teilen und Teil der Gemeinschaft werden.

DIY-begeistert und auf Instagram? Dann unbedingt mitmachen! Hier gibt's Tipps und Feedback zu den eigenen Projekten. Außerdem verlosen wir jeden Monat ein Überraschungspaket. Um am Gewinnspiel teilzunehmen, einfach ein Bild vom Kreativ-Projekt aus unseren Büchern mit #TOPPprojekt posten und unserem Account @frechverlag folgen. Mehr Infos auf TOPP-kreativ.de/TOPPprojekt

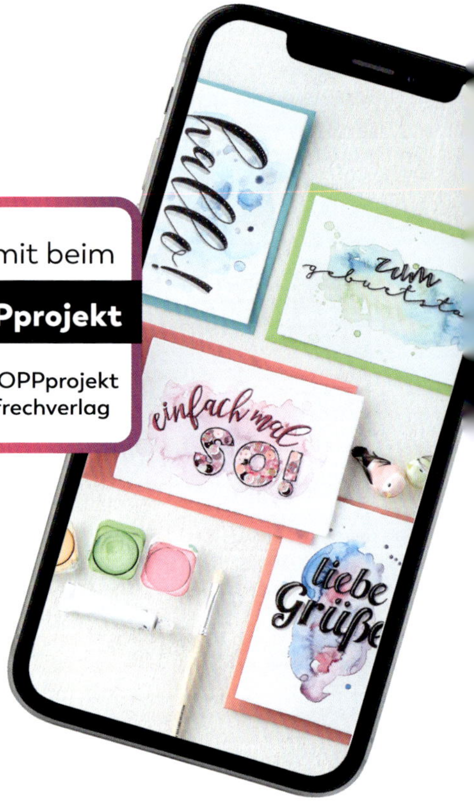

Mach mit beim

#TOPPprojekt

#TOPPprojekt
@frechverlag

Webseite

Auf TOPP-kreativ.de gibt es ein riesiges Angebot von über 1.000 Kreativbüchern, Sets und mehr zu entdecken.

Newsletter

Immer als Erstes von unseren Neuheiten und Sonderaktionen erfahren: TOPP-kreativ.de/newsletter

Instagram

@frechverlag

Pinterest

pinterest.com/frechverlag

Facebook

facebook.com/frechverlag

DigiBib

Hier gibt es zusätzlich zu einigen unserer Bücher digitale Extras, wie Video-Tutorials, Plotter-Dateien, Vorlagen, Übungsblätter und vieles mehr. Einfach im Impressum eines TOPP-Buchs nachschauen, ob dort ein Code vorhanden ist, und exklusive Inhalte freischalten. TOPP-kreativ.de/digibib

Youtube

youtube.com/frechverlag

Wer wir sind, wie wir arbeiten, was wir lieben …

Mehr über uns und unsere Arbeit und immer mit den neuesten Informationen versorgt schnell und einfach auf Instagram, Facebook und Pinterest.

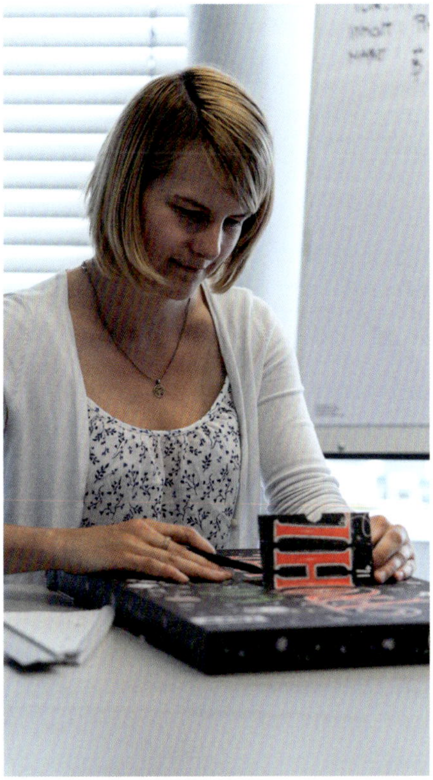

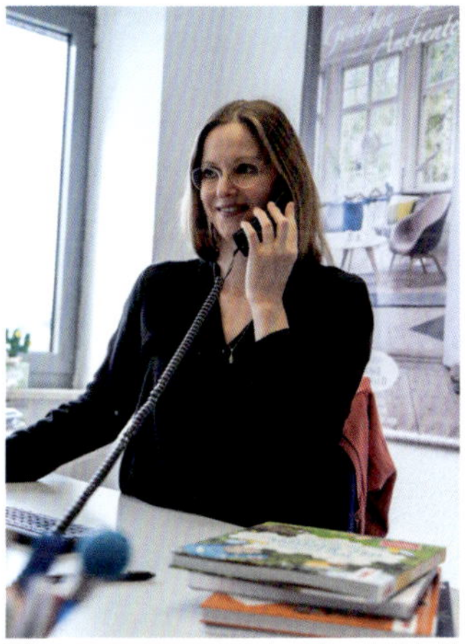

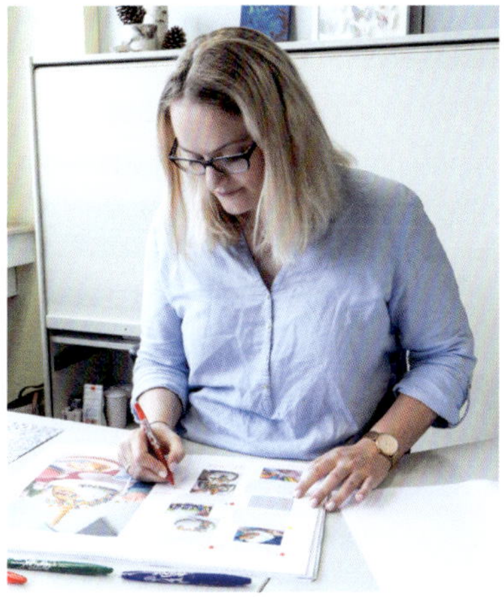

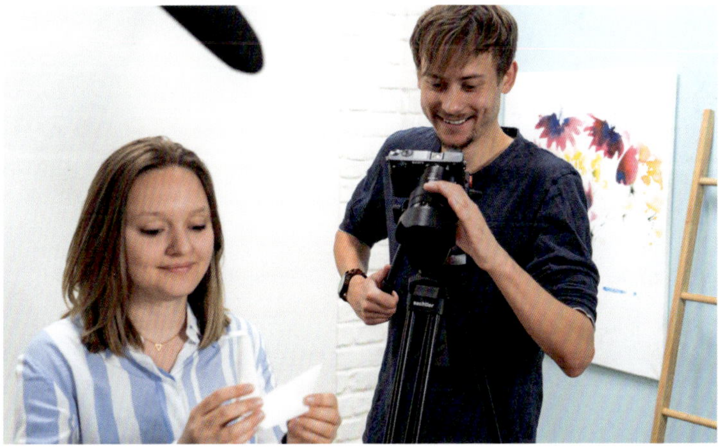

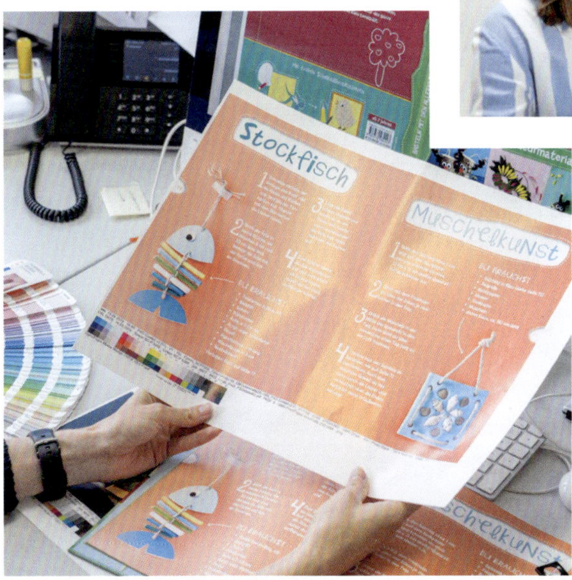

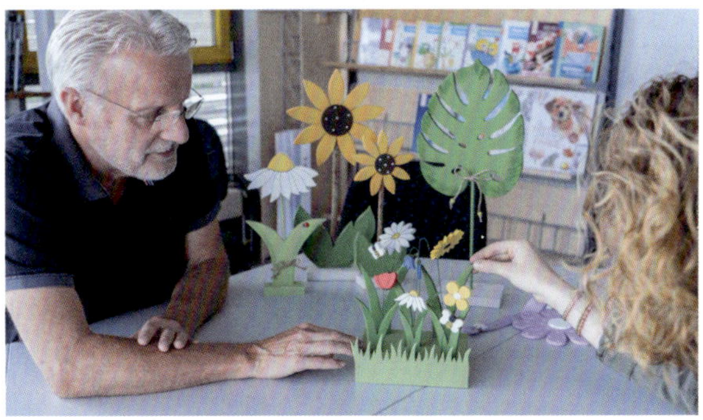

Alle News, alle Infos und alle Links finden Sie auf www.TOPP-kreativ.de

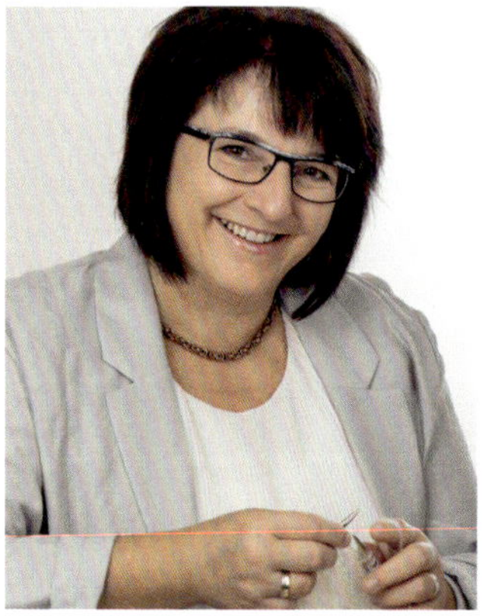

Veronika Hug lebt mit ihrer Familie in Appenweier. Handarbeiten ist seit ihrer Teenagerzeit ihr Hobby und nach der Geburt ihres 3. Kindes wurde es nach und nach auch zum Beruf: Auf erste eigene Modelle und Anleitungen folgten Fachkorrektur und Redaktion zahlreicher Zeitschriften im Bereich Handarbeiten. Inzwischen hat sie als erfolgreiche Buchautorin bereits über 50 Bücher zum Stricken und Häkeln veröffentlicht und seit 2015 mit Woolly Hugs sogar ihre eigene Garnkollektion herausgebracht. In diesem Jahr erscheinen ihre neuen Bücher erstmals im frechverlag.

IMPRESSUM

Hilfestellung zu allen Fragen, die Materialien und Kreativbücher betreffen: Frau Erika Noll berät Sie. Rufen Sie an oder schreiben Sie eine E-Mail: 0711/12375720*, mail@kreativ-service.info *normale Telefongebühren

Wir danken der Firma Langendorf & Keller GmbH für die freundliche Unterstützung mit Materialien für dieses Buch.

MODELLE: Veronika Hug

REALISATION: Nicole Ebner, Sabine Harms, Veronika Hug, Christel Hurst, Andrea Huttenlocher, Marion Kemper, Heike Köneke, Sabine Schidelko, Gabriele Strupp, Dominique Wiens

PRODUKTMANAGEMENT: Eva Barbara Zirn

LEKTORAT: Johanna Heiß, München

FACHKORREKTUR: Margit Huber, Oberkirch-Bottenau

FOTOS: frechverlag GmbH, Turbinenstraße 7, 70499 Stuttgart; Claudia Lienert, Appenweier (S. 92); lichtpunkt, Michael Ruder, Stuttgart (alle übrigen)

LAYOUT: Petra Theilfarth

DRUCK UND BINDUNG: Neografia, Slowakei

2. Auflage 2022

ISBN 978-3-7724-6890-2 · Best.-Nr. 6890

Woolly